一看就懂的职场礼仪全图解

金雅丽◎著

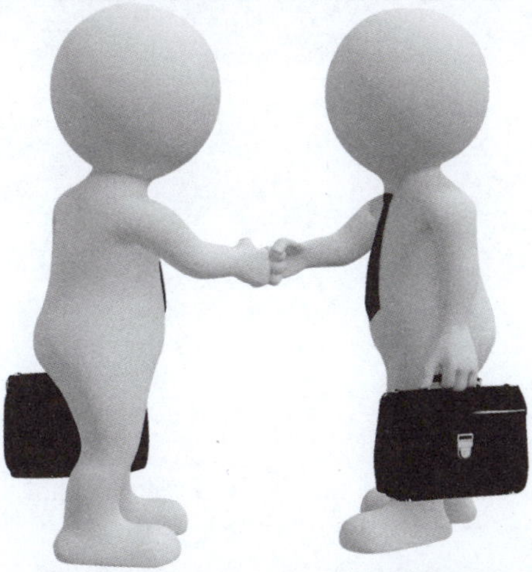

北京理工大学出版社
BEIJING INSTITUTE OF TECHNOLOGY PRESS

图书在版编目（CIP）数据

一看就懂的职场礼仪全图解 / 金雅丽著 .—北京：北京理工大学出版社，2015.7（2019.6 重印）

ISBN 978-7-5682-0380-7

Ⅰ.①一…　Ⅱ.①金…　Ⅲ.①心理交往–礼仪–图解　Ⅳ.① C912.1-64

中国版本图书馆 CIP 数据核字（2015）第 062138 号

出版发行 / 北京理工大学出版社有限责任公司
社　　址 / 北京市海淀区中关村南大街 5 号
邮　　编 / 100081
电　　话 /（010）68914775（总编室）
　　　　　82562903（教材售后服务热线）
　　　　　68948351（其他图书服务热线）
网　　址 / http：//www.bitpress.com.cn
经　　销 / 全国各地新华书店
印　　刷 / 北京市雅迪彩色印刷有限公司
开　　本 / 880 毫米 ×1230 毫米　1/32
印　　张 / 7
字　　数 / 122 千字
版　　次 / 2015 年 7 月第 1 版　2019 年 6 月第 2 次印刷
定　　价 / 31.80 元

责任编辑 / 王俊洁
文案编辑 / 袁　臻
责任校对 / 周瑞红
责任印制 / 李志强

图书出现印装质量问题，请拨打售后服务热线，本社负责调换

目录

第3章 办公礼仪，职场打拼的“潜规则”

第4章 公关礼仪，有礼有节有人缘

第5章 宴会礼仪，酒桌上的生意经

第6章 网电礼仪，不见面更要有礼

第7章 礼仪雷区，这些禁忌不能碰

使用说明书

《一看就懂的职场礼仪全图解》是专为下定决心、渴望学习职场礼仪的人士编写的一本工作、生活操作指南。全书共 7 章，每章分为若干节，每节之内再细化成若干小标题。为了让读者尽快掌握职场礼仪的各项要点，以最便捷的方式采取行动，本书在语言上通俗易懂，在编排上也尽可能让每个部分一目了然。

书名

小节标题

对应本章节内容，提出整理术在该方面的一个观点。

图解

将关键词以图表形式排列，诠释该章节所叙述的内容，直观地体现理论知识，并用箭头标明相关整理术的每个步骤，便于读者记忆和操作。

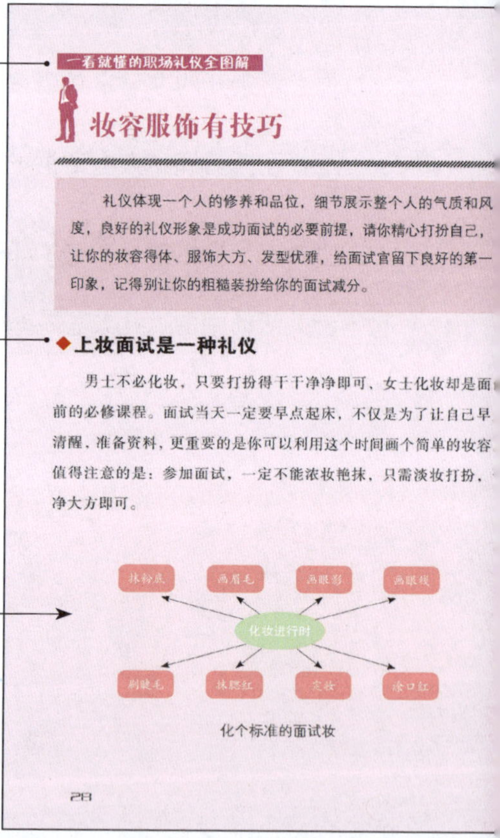

一看就懂的职场礼仪全图解

妆容服饰有技巧

礼仪体现一个人的修养和品位，细节展示整个人的气质和风度，良好的礼仪形象是成功面试的必要前提，请你精心打扮自己，让你的妆容得体、服饰大方、发型优雅，给面试官留下良好的第一印象，记得别让你的粗糙装扮给你的面试减分。

◆上妆面试是一种礼仪

男士不必化妆，只要打扮得干干净净即可，女士化妆却是面前的必修课程。面试当天一定要早点起床，不仅是为了让自己早清醒、准备资料，更重要的是你可以利用这个时间画个简单的妆容值得注意的是：参加面试，一定不能浓妆艳抹，只需淡妆打扮，净大方即可。

化个标准的面试妆

28

在阅读页面上，采用简单、清楚的学习界面，并加上图解来辅助解释复杂的概念。此外，在行文中还加上了意味隽永的 Easy-going、More、小故事板块，用以加深记忆；再加上能让人扩大知识面的图解，阅读这本书就成了一种享受。只要掌握这本书的内容，相信你就能很快成为屡战屡胜的职场礼仪达人。

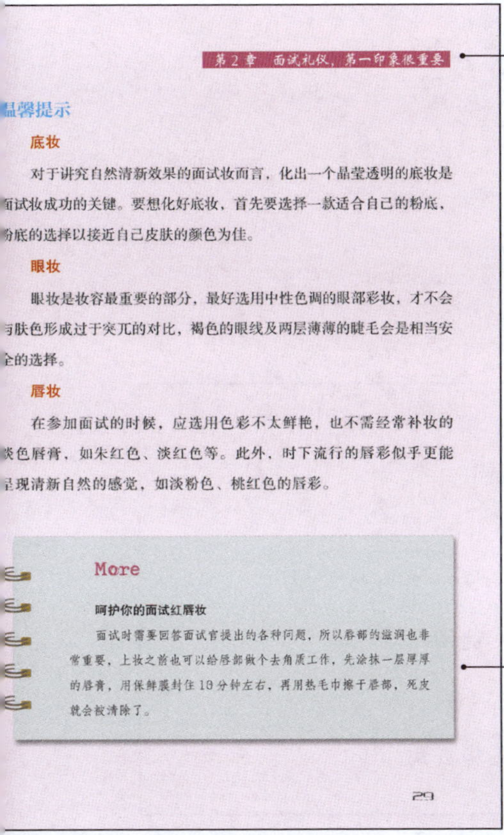
第 2 章　面试礼仪，第一印象很重要

温馨提示

底妆

对于讲究自然清新效果的面试妆而言，化出一个晶莹透明的底妆是面试妆成功的关键。要想化好底妆，首先要选择一款适合自己的粉底，粉底的选择以接近自己皮肤的颜色为佳。

眼妆

眼妆是妆容最重要的部分，最好选用中性色调的眼部彩妆，才不会与肤色形成过于突兀的对比，褐色的眼线及两层薄薄的睫毛会是相当安全的选择。

唇妆

在参加面试的时候，应选用色彩不太鲜艳，也不需经常补妆的淡色唇膏，如朱红色、淡红色等。此外，时下流行的唇彩似乎更能呈现清新自然的感觉，如淡粉色、桃红色的唇彩。

More

呵护你的面试红唇妆

面试时需要回答面试官提出的各种问题，所以唇部的滋润也非常重要，上妆之前也可以给唇部做个去角质工作，先涂抹一层厚厚的唇膏，用保鲜膜封住10分钟左右，再用热毛巾擦干唇部，死皮就会被清除了。

29

章名

概述职场礼仪所涉及的各方面内容，每章为一个相对独立的主题。

More

对本小节内容进行相关补充，为读者提供更多、更好的实用指南。

本章教你：

◇不知礼，就是不懂事

◇ 知礼仪内容、懂礼仪行为、学礼仪规范

◇职场新人必知的礼仪关键词

◇职场礼仪的要点与注意事项

◇职场礼仪的四大原则及其应用

第1章

彬彬有礼，助你成功

职场礼仪是在工作中不可或缺的行为准则，它是构筑良好人际关系的基本工具和展现职员内在素质与修养的最佳方式，影响着每个人的职业生涯和人格展现。

在职场之上，每一个礼仪细节都有可能影响你的前程和命运，若是你能懂得并遵守职场礼仪，做到彬彬有礼，你就能够游刃有余、无往不胜，有效地与不同性格和社会阶层的人士进行沟通与合作，从而获得更多的机遇和成功。

不知礼，就是不懂事

孔子曾经说过：“恭而无礼则劳，慎而无礼则葸，勇而无礼则乱，直而无礼则绞。”意思是说：恭敬而不懂礼法就会烦劳；谨慎而不懂礼法就会拘谨；勇敢而不懂得礼法就会闯祸；心直口快而不懂得礼法就会尖刻。这句话运用到职场之上，同样有效，即便你恭敬、谨慎、勇敢、直率，但如果不知礼，就是不成熟、不懂事、不明理。所以说，职场中的我们一定要了解并掌握一些职场礼仪与技巧，这是让自己工作顺利、事业成功的基本前提。

◆不学礼，无以立

作为现代职场人士，只有在职场礼仪上真正成熟起来，才能算是成年了、懂事了，可以立足于职场了。有些刚踏入社会的年轻人觉得自己还年轻，所以拒绝学习礼仪，结果闹了许多笑话，甚至影响了自己的职场生涯与人际关系。

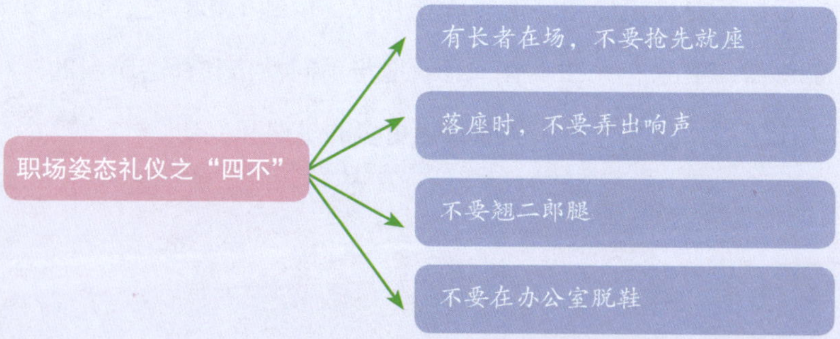

职场姿态礼仪之“四不”

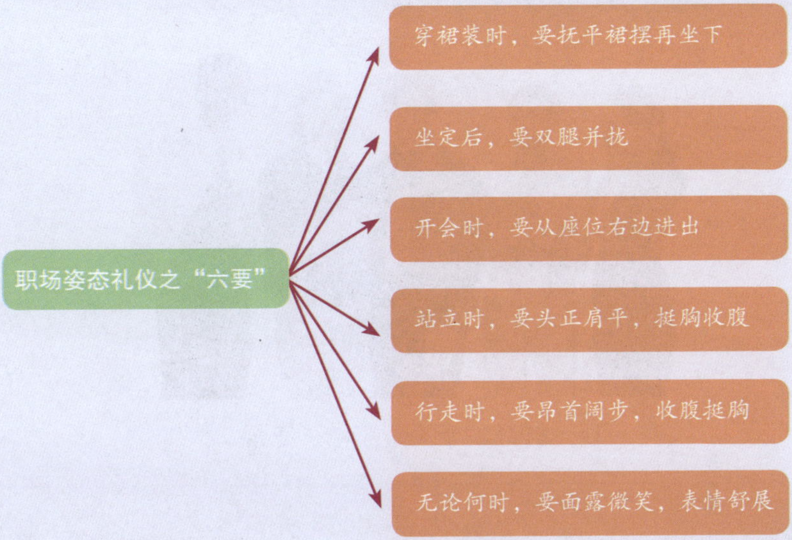

职场姿态礼仪之“六要”

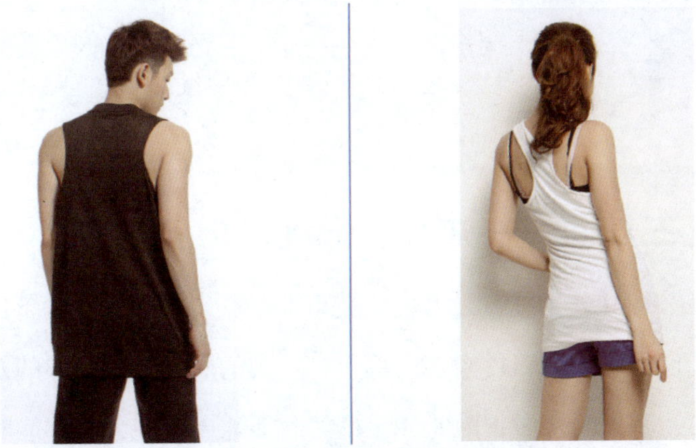

你不可以穿成这样上班

你可以这样穿：干净、整洁、正规、大方

Easy-going

礼仪是现代人的处世根本，礼仪是成功者的潜在资本。在社会活动中，交谈讲究礼仪，可以变得文明；举止讲究礼仪，可以变得高雅；穿着讲究礼仪，可以变得大方；行为讲究礼仪，可以变得美好。只要我们讲究礼仪，事情都会做得恰到好处。

◆有礼三部曲——知礼、懂礼、用礼

知礼、懂礼、用礼，是人们成就事业、获得幸福的基本条件。良好的职场礼仪可以让你赢得同事的尊重、上司的欣赏、陌生人的友善、朋友的关心、家人的感激，因此，无论何时何地，希望大家都能时时刻刻注意自己的仪表、姿态、言行、举止，做到知礼、懂礼、用礼，只有三礼俱全，才能成就美好的人生。

知礼仪的内容

我们要积极认识礼仪的常识与内容：礼仪是一个人综合素质的集中体现，也是一个人思想道德的具体展现。当你的内在素质与仪表特点达到一种和谐状态时，才可谓良好的礼仪。

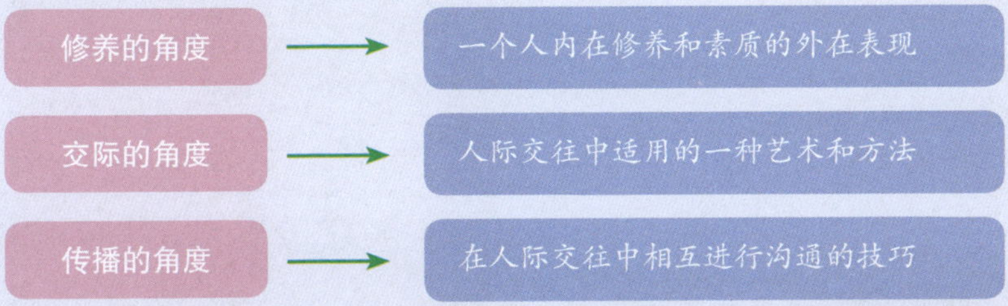

认识礼仪的三角度

懂礼仪的行为

我们要主动弄明白礼仪的行为表现，它是我们用来联络感情的一种有效方式，具有很强大的信息传递性质。无论是在职场上还是在生活中，无论是在政界还是在商场，无论是公事还是私事，无论是老朋友还是新知己，良好的礼仪行为都可以传达一种美妙的情感。所以说，我们要懂得必要的礼仪行为，塑造良好的自身形象，让沟通变得更加自然和愉悦，从而给对方留下美好的印象。

学礼仪的规范

我们要认真学习礼仪的基本规范，从一点一滴、一招一式来学习和实践礼仪。比如，我们要实践良好的仪表仪态礼仪，就要保持头发清洁，使发型与自身的身份和工作性质相符合；我们还可以注重恰到好处的交谈礼仪，在与人谈话的时候，态度诚恳、表情自然、语言亲切、表达得体。

道德修养 →	加强敬业、诚信、友善等道德规范的修养，努力做一个讲道德、重礼仪的现代文明人。
实践培养 →	践行礼仪必须立足日常、注重细节，时时习礼、处处用礼，坚持不懈、持之以恒。
行为示范 →	强化礼仪意识，争当传递文明的使者，共同塑造热情好客、文明礼貌的良好形象。

实践礼仪三要素

More

何为“礼”，何为“仪”

恭敬之心就是“礼”，礼的表现形式就是“仪”。“礼仪”也就是人际交往中以约定俗成的方式来表现律己敬人的过程。那么，职场礼仪就是职场中人与人交往时，把待人接物的内心尊敬之情通过美好的仪表和恰当的仪式表达出来，涉及穿着、交往、沟通、情商等方面的内容，“礼仪”是职场人士崭露头角的第一张名片。

职场有礼，受尊重

在职场上，在公司之间的交往中，个人代表公司，个人形象代表公司形象，个人的一举一动、一言一行，汇集起来，就是公司的整体形象，个人礼仪的展现就是公司的活体广告展示。如果个人礼仪能够做到尽善尽美，公司形象就会得以提升，如此一来，个人也会得到更多的尊重和赏识。

◆职场菜鸟必记的礼仪关键词

四大礼仪关键词	
关键词 1：仪表得体	整洁得体的外表会把你更积极的一面展现给周围的人
关键词 2：多多微笑	真诚的微笑有助于保持积极心态，营造和谐的氛围
关键词 3：注视对方眼睛	直视对方的眼睛，温暖“坚定”并保持一两秒
关键词 4：记住别人名字	让对方感受到你对他的重视和尊重

◆职场精英必看的基本礼仪

个人礼仪职场化的重要性	
对公司而言	礼仪是企业文化的重要部分，体现人文面貌
对个人而言	良好的礼仪能够树立良好的个人形象，体现专业性
对客户而言	享受更优质的服务，提升满意度并产生良好感受

握手礼仪

握手是现代职场中表达见面、告别、祝贺、安慰、鼓励等感情的普遍礼节。愉快的握手必须坚定有力，体现你的信心和热情，但不宜太用力、太长久，几秒钟即可。如果你的手脏或者很凉，抑或是有水、有汗，就不宜与人握手，只要主动向对方说明原因即可。

握手有礼有节，强度恰如其分，时间恰到好处

握手种种，效果种种	
第一种——对等式握手 方式：两人的手心都不约而同地向着左方 效果：表达友好和平等	**第二种——双握式握手** 方式：右手紧握对方右手，左手加握对方的手背或肩部 效果：表达热情和信赖
第三种——支配式握手 方式：掌心向下或向左下握住对方的手 效果：表达傲慢或支配欲	**第四种——谦恭式握手** 方式：掌心向上或向左上与对方握手 效果：表达敬仰与畏惧
第五种——拉臂式握手 方式：将对方的手拉回自己的身边，长时间相握 效果：表示自卑与谦恭	**第六种——捏手指式握手** 方式：只捏住对方的几个手指或手指尖部 效果：表示矜持与稳重
第七种——死鱼式握手 方式：伸出的手无力度、无质感、无情感 效果：表示冷漠无情、消极傲慢	

交谈礼仪

交谈礼仪九要点：

1. 交谈中需要不断地开发新的让双方都感到和谐愉快的话题与内容	2. 不要用把握不准的似懂非懂的词句，以免让人当成笑柄
3. 适当的恭维与赞美可令对方无限喜悦，记得一定要真诚	4. 对方显得无礼时要宽容克制或者转移话题，使对方冷静
5. 话题尽量避开个人隐私等不宜在友好交谈中出现的事情	6. 话题要尽量符合双方的年龄、职业、性格、心理等特点
7. 语气不要生冷或咄咄逼人，拒绝令人厌恶的伤害性语言	8. 适当调侃自己可减少对方的心理压力，从而拉近彼此的距离
9. 表达歧见忌全盘否定，先肯定再质疑，引出自己的见解	

倾听礼仪

中国有句古训：人长着两只耳朵却只有一张嘴，就是让人少说多听。现代社会中，倾听他人谈话是获得信息的主要手段。倾听是一门学问，也是一门礼仪，需要掌握一定的规范与技巧，才能收到非凡的效果。

倾听礼仪六要素：

1. 把谈话的环境安排在安静的地方	2. 消除心理障碍，不受情绪的影响
3. 全神贯注，不做与话题无关的事	4. 听清对方话语的含义和主题思想
5. 检点自己的体态语言，适当插话	6. 遇到冷场，可以发问并鼓励对方

拒绝礼仪

在某些特定的条件下，有时我们不得不拒绝他人的请求或要求，但不管因为什么原因拒绝别人，如果不注意方式方法，就会使对方产生心理压力并由此产生消极情感。所以为了让消极后果降到最低，职场中的我们应该学习和掌握一些拒绝的礼仪技巧。

拒绝礼仪三提示：

1. 该拒绝时就拒绝，建立起随时准备说“不”的勇气
2. 拒绝时要婉转，多用敬语显尊重，巧言诱导显礼貌
3. 拒绝原委要道明，主动帮助对方想退路，友谊还得继续

职场有礼，机会多

职场之上，良好的礼仪可以使你的人际关系稳定，为以后加薪升职带来很大的帮助，至少不会成为你前进道路上的阻碍物。相反，如果我们不懂礼仪，有时就会错过许多工作或晋升机会，甚至还会与你的职场贵人擦肩而过。

◆不懂礼仪会失去工作机会

对于刚刚跨进社会的职场新人来说，面试就是一场全面的人生考试。要想面试成功，必须具备全面的硬实力，如简历专业、背景经历、学识、毅力，等等；还需要不可或缺的软实力，那就是职场礼仪，它是面试制胜的最佳法宝。

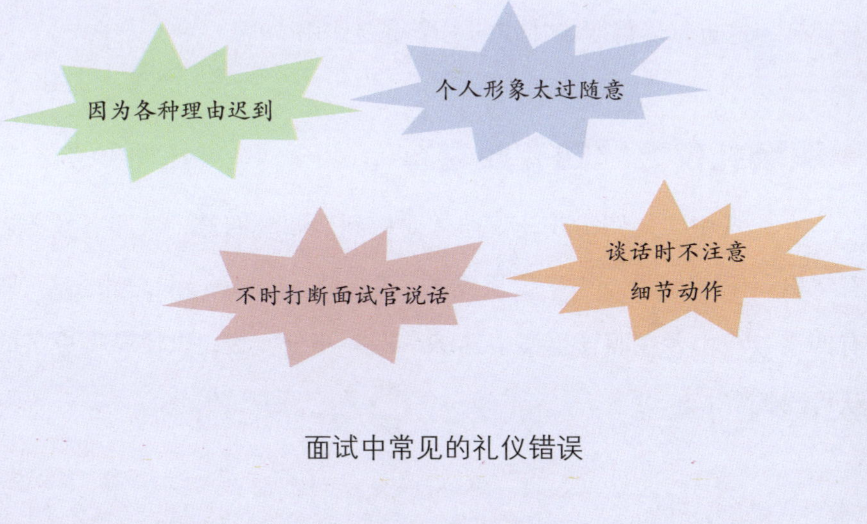

面试中常见的礼仪错误

Easy-going

通常情况下，在面试官面前，谁懂得礼仪，谁就容易得到加分，谁就容易拿到最高分，顺利入职。有些求职者在知识和能力方面很优秀，但是却因为一些缺乏礼仪的小动作让面试官望而却步，实在令人遗憾。因此，建议初入职场的新人去学习相关的职场礼仪规范，避免因为不懂职场礼仪而失去难得的工作机会。

◆不懂礼仪会失去晋升机会

职场新人是一个公司整个构架中最基层的员工。虽说团队工作需要上下协调、相互配合，但总的来说，占据统领地位和主导作用的仍是上司，因此，职场新人要懂得领悟上司的意图，谦虚谨慎，努力配合，做到尽善尽美，这样才有可能得到上司的认可与赏识，甚至得到重用与晋升，这也是懂得职场礼仪的一个重要作用。

◆职场礼仪之“四有四避”

在职场中，人们实践礼仪通常要做到“四有四避”，即有教养、有学识、有礼节、有分寸，要避浅薄、避粗鄙、避隐私、避忌讳。这“四有四避”我们要在职场生涯中熟练掌握并充分实践，以便赢得更多的认可与赞赏。

小故事

如此请假有点怪

某公司有一位吴先生，有一次他打了个电话给上司，说家里有点事，要请一天假。他说：“老板，我今天不能来上班，请假一天！”说完便挂了电话，上司一脸迷惘地咕哝：“老板……我们俩到底谁是老板啊？你就这态度！你请的是病假还是事假？你请假你还这么理直气壮，先挂我电话，都不给我说话的机会！”平心而论，他的工作能力不错，但是谁又敢把重要的事情托付给他？上司自然不放心。于是，升职、加薪、培训……种种好处，一样也轮不上他。他最后待不住了，辞职了。后来，吴先生来到一家新公司，该公司的人力资源部经理经常给新员工讲解职场礼仪方面的知识，让他受益匪浅。他虚心学习相关礼仪，对上司和同事彬彬有礼，很快就得到了上司和同事的认可。

四有

四有	有教养	尊重和谅解别人，是有教养的人的重要表现。
	有学识	在高度文明的社会里，富有学识的人会受到敬重。
	有礼节	人们交际需要问候、致谢、致歉、告别、回敬这五种礼貌。
	有分寸	要做到有分寸，必须注意如何用言辞行动去恰当表现礼貌。

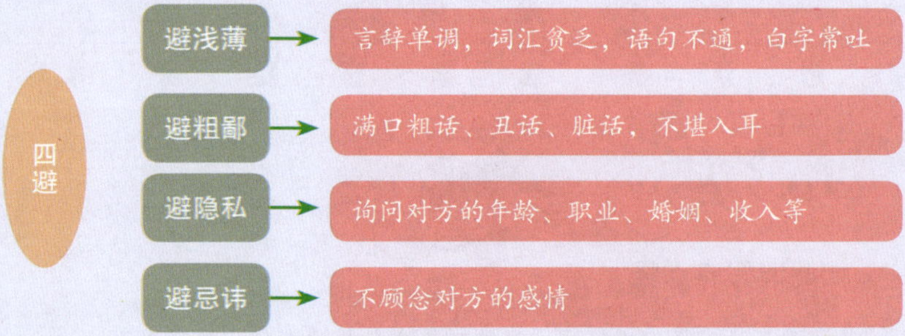

“四有四避”

More

口头问候礼仪全知道

在职场社交和商务场合，同行相遇，同仁相见，互致问候更是第一道礼仪程序。即使是一面之交，相遇也应打招呼。毫无表示，或漫不经心，会被认为是傲慢无礼的表现。这种口头问候有一个约定俗成的惯例，即在顺序上男性应先问候女性，晚辈先问候长辈，年轻人先问候老年人，下级先问候上级，年轻女性先问候比自己年龄大得多的男性。

在特别的日子也有特别的问候，比如节日问候，在节日到来时，向不常见面的同仁及关系密切的客户进行友好问候，这是联络感情最简便有效的方式；又如喜庆时的道贺，即当对方遇到店铺开业、事业有成、乔迁新居等喜事的时候，向其表示祝贺；再如不幸时的安慰，即当对方遭遇事业受挫、家庭变故等祸事的时候，表示安慰，并给予真诚的援助。

职场礼仪的四大原则

在职场社交场合中，如何灵活运用职场礼仪，如何发挥礼仪的最大效应，如何创造出最佳的人际关系，如何让职场礼仪帮助我们取得更多的成功，这同遵守必要的礼仪原则密切相关。大体说来，我们学习职场礼仪时，必须注意以下四个基本原则。

◆真诚地尊重对方

人在职场，真诚尊重是礼仪的首要原则。只有真诚待人，才是尊重他人；只有尊重他人，才能创造和谐愉快的人际关系。真诚和尊重是相辅相成的。真诚是对人对事的一种实事求是的态度，是待人真心实意的友善表现。你首先得尊重对方，并把这种尊重贯穿到每一个细节里。

Easy-going

职场新人刚进职场，礼貌礼节很关键，人际关系一定要妥善处理，不能以貌取人或者想当然。要记得比自己职位低的员工同样是前辈或者长辈，哪怕是打扫卫生的阿姨，如果正好阿姨清理到自己的办公室的纸篓什么的，不要忘记说一声“谢谢”。这样彬彬有礼的新人才能快速提升自己的交际能力和人际亲和力。

小故事

前台阿姨 PK 财务总监

某公司由于办公室局部装修，财务总监王某暂时坐在了前台小姐韩某的旁边。李某是公司新来的一个大学毕业生，他以为王某是前台阿姨，所以对她不屑一顾，连个招呼都不打。过了几天，李某走向前台，向王某要一些办公用具，王某顺手拿起一张纸，记下了李某需要的用品，并将清单交给了身边的韩某，韩某礼貌回应王某："谢谢王总，我会照办的！"然后转向李某："以后这种事情，直接吩咐我就行了，不要把财务总监当作小办事员使唤！"李某一听，傻眼了，从此以后，她开始对王某殷勤起来，可是王某对李某一点好感都没有。她很纳闷：怎么一个大学生刚进社会就学会了势利！一点都不懂得尊重长辈！还假惺惺地巴结我，一点大学生的清纯感觉都没有！

◆坚定地信守诺言

守信是职场人士的必备美德，也是礼仪活动的基本生命线。在人与人之间交往和共处的过程中，规定和秩序的坚守往往靠的就是"守信"二字。在职场中，尤其讲究守时和守约。在职场社交场合，如果没有十分的把握，就不要轻易许诺他人，许诺了却做不到，反而会落个不守信的恶名，从此失信于人，得不偿失。

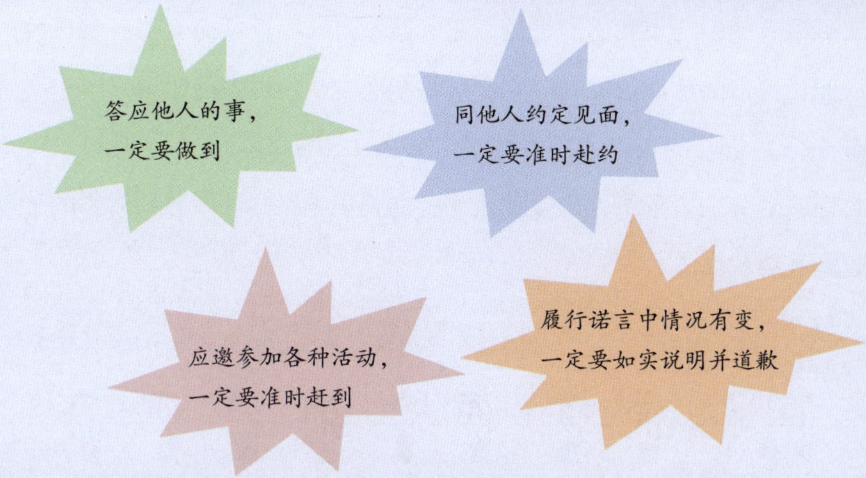

"信守承诺四口诀"

◆平等地对待他人

在职场社交上，如果你给对方施礼，对方也会相应地还礼于你，这种礼仪的施行必须遵循平等的原则。平等是人与人交往时建立真实情感的起跑线，是保持良好同事关系的基本原则。在人与人的平等交往中，我们应该处处平等、时时谦虚，唯有如此，才能结交更多的朋友，获得更美好的友谊。

◆大胆地相信自己

职场礼仪的作用不可小觑，一方面，它有助于在人际交往中培养人的自信心，当一个人通过深入地把握礼仪、娴熟地行使礼仪从而成功地在职场上立足的时候，他的自信心自然也就树立了起来。另一方面，它又可以有效地约束我们的言行举止，避免自信心过分而变得狂妄自大，从而让自信的比例恰如其分。自信是职场中一份可贵的心理素质。一个有充分自信心的人，才能在职场中落落大方、不卑不亢，遇到强者不自惭；遇到弱者敢于伸出援助之手；遇到艰难不气馁；遇到侮辱敢于挺起胸膛勇敢反击。

小故事

一句话改变一生

波兰物理学家英费尔德年轻的时候，曾经在柏林饱受歧视，于是他去拜访当时著名的德国物理学家爱因斯坦，请爱因斯坦为他写一封让他在柏林求学的推荐信，爱因斯坦答应了，为他起草了一份热情洋溢的推荐信。英费尔德满怀感激之情，又提出了一个请求："能不能给我一张有您签名的相片？"爱因斯坦爽快地答应了："好的，但是你也得送我一张有你签名的照片，这样才平等。"爱因斯坦的推荐信让英费尔德顺利进入了柏林的名牌学校。从此，他发愤学习，后来以一篇《麦克斯韦场方程的非线性概括》扬名天下。很多年后，英费尔德回忆起这件事，依然泪流满面："他的话使我感到平等，并给了我自信，他的话是我前进的强大动力……尽管当时他穿了一件皱皱巴巴的上衣，裤子上还掉了一个纽扣，但是什么都影响不了我对他的无比崇敬。"

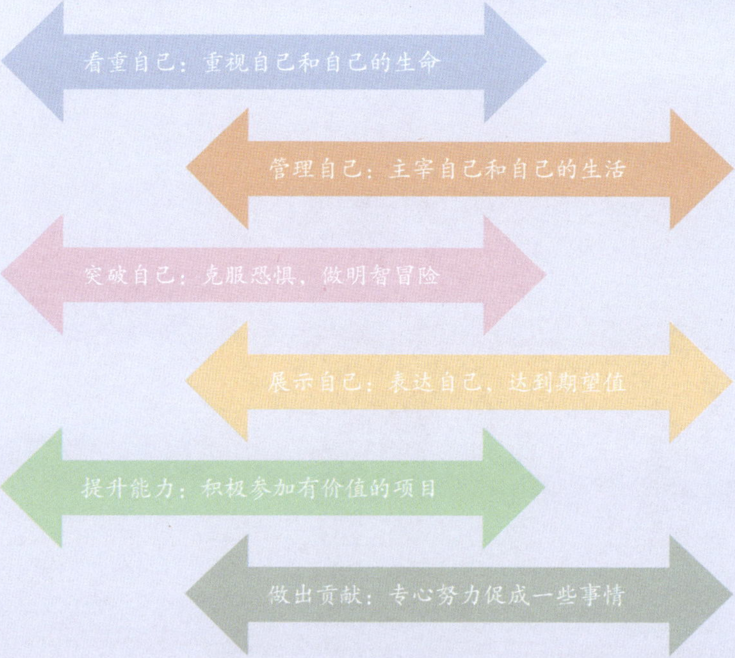

建立自信的六大基石

More

如何重建自信力

首先，要对自己自信：学会在工作的点滴中体会成就感。你只有每天体会成就，才有信心与勇气继续走下去！其次，要有职业自信：你是在为自己工作，同时你也热爱自己的工作，并且准备通过工作来改变自己的人生。如果你对工作有信心，再加上大把的热情，就会打败一次次挫折和失败，走向成功的彼岸。

本章教你：

◇求职信中暗藏的礼仪学问

◇妆容服饰的技巧是什么

◇站姿、坐姿都有哪些讲究

◇怎样让你的言谈举止露出优雅

◇在面试官面前不露怯的技巧有哪些

◇保持微笑也是一种礼仪

第2章

面试礼仪，第一印象很重要

面试时，第一印象至关重要，良好的第一印象往往来自得体大方的良好礼仪。礼仪是个人形象、气质、谈吐和行为的综合体现，可以从各个方面体现出面试者的综合素养和个性品位，它是面试官考量求职者的重要依据。

某些求职者在面试过程中因为礼仪方面的失误，导致自己的面试得分大打折扣，最终错失了工作机会，真是让人倍感惋惜。所以，求职者必须学习一些必要的面试礼仪，给考官留下良好的第一印象。

求职信中暗藏的礼仪学问

大家都知道，如今的求职方式多种多样，我们可以在求职网站上按照模板填写简历，如：前程无忧、智联招聘、中华英才网等都有类似的各种风格的简历模板，任你选择和填写。填写完毕后可以选择理想的公司和职位进行投递，在投递之前，最好能附加一封求职信。一份礼貌、得体、真诚、准确的求职信往往可以给用人单位留下良好印象，增加通过概率，提高面试的机会。

各种风格的简历模板展示

◆求职信的写法

在很大程度上，求职信的优劣往往可以影响求职简历的作用。求职信与求职简历起着不同作用，许多求职简历中的具体内容不应在求职信中重复，例如：工作经历、学历或是个人目标。

Easy-going

求职简历告诉别人有关你的个性背景、独特经历和特殊技能，而求职信告诉别人——你是这份工作的最佳人选。一份求职信应做到以下三点：抓眼的自我介绍、有力的自我推荐、明确的未来计划。

开篇自我介绍

求职信的第一部分要抓住招聘部门负责人的注意力。要清楚地说明你为何寄求职简历，你对公司有兴趣并想担任他们空缺的职位。要明白地解释你干的是同一行业，有着同样的工作兴趣，或者你一直通过新闻了解公司或者这个行业，但是不要夸大其辞，要实事求是。此外，如果你是朋友介绍给这家公司的，请在信中提起他们。

正文自我推荐

求职信的第二部分要简短地叙述自己的独特才能，特别是要解释清楚这些才能满足公司的需要、有益于公司的发展。在陈述过程中，要尽可能地少用人称代词“我”，那样会让人感觉你想展示自己，而非想为公司做贡献。还有，注意点到为止，没有必要详细陈述，因为具体内容在求职简历中会有备案。

制订靠谱的计划

求职信的结尾部分要表明你的下一步计划和设想，告诉招聘者有关你的具体联络方式，要表明如果几天内等不到他们的电话或短信、QQ 留言或 E-mail 邮件，你会自己打电话确认招聘者是否已收到求职简历和求职信，语气要肯定，同时要有礼貌。

小故事

罗永浩的求职信

——有的放矢成佳话

俞校长您好：

我先对照一下新东方最新的招聘要求：

1. 有很强的英语水平，英语发音标准

我的英语水平还好，发音非常标准，我得承认自己比王强老师的发音差一点。很多发音恐怖的人（宋昊、陈圣元）也可以是新东方的品牌教师，我不知道为什么要有这一条要求，尽管我没这方面的问题。

2. 大学本科或以上学历，英语专业者优先

真不喜欢这么势利的条件，这本来应该是实力、马力之流的学校的要求。

3. 有过考 TOEFL、GRE 的经验

GRE 考过两次。

4. 有教学经验者，尤其是教过以上科目者优先

教过后来被国家明令禁止的传销课，半年。

5. 口齿伶俐，中文表达能力强，普通话标准

岂止伶俐，简直凌厉。普通话十分标准，除了对卷舌音不太在意（如果在意，平舌音也会发错，所以两害相衡取其轻）。

6. 具备较强的幽默感，能使课堂生动活泼

我会让他们开心。

7. 具备丰富的人生和科学知识，上课能旁征博引

除了陈圣元，给我在新东方上过课的老师（张旭、王毅峰、王昆嵩）都和文盲差不多，当然他们还小。说到底，陈圣元的全部知识也只是在于让人看不出他没有知识而已。

8. 具备现代思想和鼓动能力，能引导学员为前途奋斗

新东方的学员是最合作、最容易被鼓动的，因为他们来上课的最大目的就是接受鼓动，这个没有问题。

9. 年龄在 40 岁以下

28 岁。

◆求职信的规范格式

国家、城市、家庭……

求职信

尊敬的领导：

您好！非常感谢您在百忙之中批阅我的材料，谢谢！我是甘肃农业职业技术学院食品化工系有机化工生产技术2011应届毕业生。我渴望能在贵公司找到一份合适的工作，为贵公司贡献一份力量。恳请您给我加入贵公司的机会。我有信心、有能力成为一名出色的员工。自从考上大学以后，我"自信、自立、自强"，不但努力学习专业知识，而且主动参与各种社会实践。经过大学三年的学习和社会锻炼，我具备了以下几个方面的能力：

一、扎实的专业基础知识和先进的思想观念。二、丰富的社会实践和突出的工作能力。三、强烈的品牌理念和合作的团队精神。诚实正直、勤劳务实是我的原则。多年来的求学生涯使我形成了优良的处事作风和先进的思想观念，并有了独特的思维方式、和谐的人际关系。我设法让自己变得出色，因此，我时刻注意抓住机会锻炼自己，并时刻思索做好工作的方法。我是一个有能力而且有团队精神的人，我能很快地适应一个新的工作环境，并能在新环境既定的团队环境下做好工作。

期望我能适合您的要求，也期望您选择我，您的选择就是我的希望。为了方便您更详细地了解我的情况，请审阅我呈上的简历以及相关材料。给我一个机会，我还您一个奇迹，期待您的回复。祝贵企业事业蒸蒸日上、硕果累累！

此致

敬礼！

求职人：×××

April 13,2005
P.O. Box 48
Peking University
Peking, China 100013
Dear Sir/Madam:

Hello! First please allow me to extend the sincere regards and the good wish to you! Heartfelt thank you in spite of being very busy to glance through my this material, and wishes the expensive unitenterprise to be prosperous, progresses day by day!

I am XXXXX electronic information project specialized 2,007 sessions of graduates, in the near future learned your firm is advertising for the talented person, I hoped can arrive has the opportunity to your firm work.

In school period, I diligently study the specialized knowledge, andinvested the huge enthusiasm and the energy for it While earnestly studies the textbook knowledge, I positively participate in inside andoutside the school practice, and has obtained some result. Ifmonolithic integrated circuit development design, aspect and so on PCB Layout as well as homepage design. The university four years let my English proficiency have progress, and smooth passed the national English six levels of tests, had certainly certainly have listened to,to say, to read, write the ability, had the reading specialized literature English foundation of basic skills.

I have the better computer knowledge and the application ability, can skilled grasp the basic application software the use, and can use language and so on C, assembly, VB, HTML carries on the programming.Moreover I also can using Multisim, Protel, Pspice, Auto CAD and so onspecialized software carry on the correlation work, and participatedin the project practice many times which in the school organizes I have studied some knowledge using free time which the relatedho mepage design, the plane design as well as the video frequency picksarranges, can skilled manufacture the homepage using the homepage three swords men, and can use picture processing software and so on photoshop, ACDSee to carry on the related design work, has uses Adobe premiere the pro software editor complete video frequency plan the experience.

My hope study has uses, to long for own knowledge can obtain thepractice the examination, looked forward to the practice will be able to enrich my work experience and the ability glorious future.

"The great ambition can sometimes, directly link up the cloud sail toaid the sea", I sincerely hoped alliance your firm, I surely can by befull warm and the tenacious disposition diligent work, with colleague cooperation, for the expensive unit's strength of development own meagre strength.

Along with letter enclosed resume and other material, if must a deeper understanding, hope for your interviewing!

中文求职信与英文求职信模板

More

求职信注意事项

首先，信的左上角或者右上角要留出三行，用以填写国家、城市、家庭地址、邮政编码和日期。其次，称呼的后面要用冒号，而不要用逗号。写称呼时要用正式的语气，要用具体的称呼，不要写“给有关负责人”，如果你不能确定具体的名字，就称呼“招聘经理”“人事部经理”。当然，你可以用表格和粗体线来组织求职信并强调其内容，使文章易读，但要慎用，不要太过花哨。最后，结尾时应在姓名上方写上祝福的话，然后下面是印刷体的全名。名字与结尾之间一定要保留足够的空间，因为太过拥挤的行文会给人一种窒息感。

妆容服饰有技巧

礼仪体现一个人的修养和品位，细节展示整个人的气质和风度，良好的礼仪形象是成功面试的必要前提，请你精心打扮自己，让你的妆容得体、服饰大方、发型优雅，给面试官留下良好的第一印象，记得别让你的粗糙装扮给你的面试减分。

◆上妆面试是一种礼仪

男士不必化妆，只要打扮得干干净净即可，女士化妆却是面试前的必修课程。面试当天一定要早点起床，不仅是为了让自己早点清醒，准备资料，更重要的是你可以利用这个时间画个简单的妆容。值得注意的是：参加面试，一定不能浓妆艳抹，只需淡妆打扮，干净大方即可。

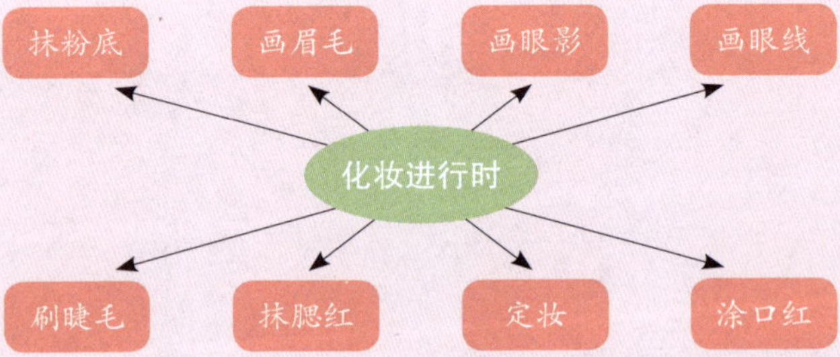

化个标准的面试妆

温馨提示

底妆

对于讲究自然清新效果的面试妆而言，化出一个晶莹透明的底妆是面试妆成功的关键。要想化好底妆，首先要选择一款适合自己的粉底，粉底的选择以接近自己皮肤的颜色为佳。

眼妆

眼妆是妆容最重要的部分，最好选用中性色调的眼部彩妆，才不会与肤色形成过于突兀的对比，褐色的眼线及两层薄薄的睫毛会是相当安全的选择。

唇妆

在参加面试的时候，应选用色彩不太鲜艳，也不需经常补妆的淡色唇膏，如朱红色、淡红色等。此外，时下流行的唇彩似乎更能呈现清新自然的感觉，如淡粉色、桃红色的唇彩。

More

呵护你的面试红唇妆

面试时需要回答面试官提出的各种问题，所以唇部的滋润也非常重要，上妆之前也可以给唇部做个去角质工作，先涂抹一层厚厚的唇膏，用保鲜膜封住 10 分钟左右，再用热毛巾擦干唇部，死皮就会被清除了。

◆帮你加分的面试发型

女性：短发、盘发

短发是女性面试发型的最佳选择，它会给人留下干练而时尚的感觉。当然，一头秀气整洁的长发也是一个不错的选择。此外，面试发型一定要清爽，如果刘海已经有了，最好把刘海别到耳后，把后面的头发盘起来，把整个脸部露出来，这样才能给面试官一种自信的感觉。

Easy-going

不管你平时的习惯是每天洗一次头还是隔三五天才洗一次，只要第二天有面试，都一定要在前一天晚上把头发清洁干净，不要让头油、头皮屑、乱翘的头发影响了你的形象，也不要让头皮的异味使面试官望而却步。

男性：露出额头，深色头发

男士面试发型最好要把额头露出来，这样会给人带来一种阳刚的感觉。比如将头发剪得短短的，微微烫卷的刘海向一侧梳，服帖的鬓发更能彰显帅气阳刚。此外，有关调查显示，深色头发给人一种低调稳重的感觉，可以在一定程度上提高面试成功率。

◆服装的选择

男士面试礼仪

颜色：整体着装从上至下不能超过三种颜色；可选择深色西装、白衬衣、单色领带；鞋子、袜子、公文包最好是黑色；不要穿尼龙丝袜或白袜子。这样从线条整体上看会更流畅、更典雅，否则，会显得杂乱而没有整体感。

款式：男士的穿戴不必很时尚或很流行，只要简洁大方、颜色沉稳即可。最重要的是上衣和裤子的搭配，一定要合理。如：休闲

穿花花绿绿的衣服去面试的潮男，给人一种轻佻的感觉，不可取。

穿着紧身牛仔裤去面试的宅男，给人一种不舒服的压迫感，不可取。

服装一定要与休闲类的服饰搭配。穿着要讲究统一，不要混着来组合。

女士面试礼仪

颜色：正装西装的基本特点是单色的、深色的。藏青或者深灰色的素色西装最为合适，这两种颜色是正统的西装颜色，同时也会给面试官一种安心感。深色也有比较衬肤色的优点。

款式：选择正装的要点是不追求流行时尚，不能太过显眼，穿着方便。不过除了正统的双扣西服，三扣西服也很受年轻人的欢迎。如果不是去金融行业等特别高端的精英公司，穿三扣西服应该是完全可以的，因为它轻松活泼又不乏专业感。

穿着整洁的素色双扣西装去面试的女士，很得体大方。

深受年轻女士喜爱的三扣西服，但不要穿着去金融行业面试。

More

职场女生的面试装雷区

很多年轻女性误以为穿着漂亮会引起招聘单位上司的注意和喜欢，并能因此而获得应聘岗位的机会，其实事实并非如此。有时候，如果遇到女性上司负责面试，穿着漂亮会遭妒忌，从而降低自己获聘的机会；如果是男性上司，除非这位男性上司另有遐想，否则，往往会视之为花瓶而担心面试者的能力和内涵。因此，女生在面试时应该穿着比较简单朴素，除了运动装和运动鞋之类特别休闲的服装之外，其他装束都可以，因为简单朴素已经是女生面试的一个重要的服饰礼仪原则。

◆饰品的佩戴

饰品从简

面试的时候，首饰并非绝对不能戴，但要从简。耳饰最好是耳钉之类小巧的饰品；手上可以戴手表，最好不要戴太复杂的手链。一身珠光宝气，粗金链、珍珠链都戴在颈上，过分的粉饰、太多的点缀，会给人以庸俗之感。

合适为宜

佩戴适宜的首饰常常会给人留下一个难以忘怀的印象。值得注意的是，千万不要佩戴过于夸张的首饰，如晃来晃去的耳环、粗笨的手镯、人造钻石等。佩戴一串清雅爽朗的珍珠项链或款型简洁大方的金项链最为适宜。

小故事

刺青的困惑

就读于某外国语大学的小丽是个五官端正、成绩优秀的女生，感觉刺青很时髦、很酷，就在左手手背虎口处纹了一朵玫瑰。毕业后，她参加一个外企面试时，考官认为小丽无论是身高、学历、英语水平都很适合她应征的职位，并跟她约定了复试的时间。复试那天，小丽专门穿了一身职业装去公司，本以为可以顺利进入公司，可惜，就在面试完后和公司上司握手时，露出了手背上的刺青。公司上司直接告诉小丽，公司绝对不会招聘身上有刺青的员工。小丽痛定思痛后，下定决心一定要去除手背上的刺青，再重新找工作。

Easy-going

据调查，有的比较开放的公司在用人态度上表示，有的求职者在身上刺青，这是不太好的行为，但是是否录用这样的人，要看其刺青是出于什么原因。如果是为了爱情、哥们儿义气或者是追求时髦，那公司一般不会招聘这样的员工。但是，如果是用刺青遮盖身体上的缺陷或疤痕，公司会给这样的求职者机会。

◆如何让你显得更专业、更干练

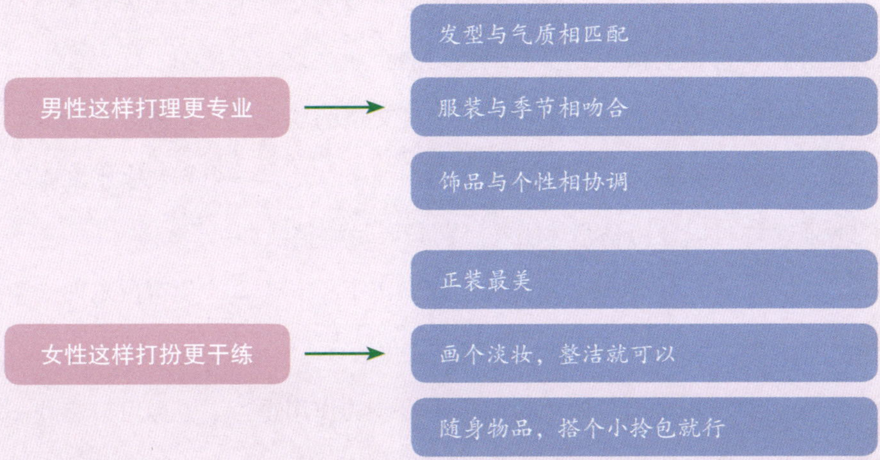

专业男士与干练女士的面试穿衣术

男性这样打理更专业

首先，发型要与自己的风度、气质相协调。比如：端庄大方的人需要选择朴素沉稳的发型；活泼开朗的人需要选择线条明快的发型；潇洒奔放的人需要选择豪爽浪漫的发型。此外，男士不烫发、不卷发，剃去胡须。

其次，选择服装要与季节相吻合。夏秋季节，男士适宜穿深色西裤、白色长袖衬衣、深色皮鞋，鞋头要圆润一些；冬春季节，男士适宜穿深色西裤、深色皮鞋，衬衫可以较为随意，但不要和领带颜色混淆，特别是在冬天，领带颜色最好为红色，因为红色显得正式规整，而且给人暖意。

最后，饰品佩戴要注意和谐与简单。手表不是必需的，戒指可以省去。此外，穿西服衬衫时，不要戴项链、手链，因为那样会显得不伦不类。

女性这样打扮更干练

首先，要了解公司文化，一般正装可以通吃天下。但是，如果你不愿意穿正装，就要留心你要面试公司的企业文化了。比如，你要面试房地产公司的销售人员，这是一个与人打交道的职业，一定要穿上气派的正装；但如果你要面试的是文化公司的编辑，这是一个靠文字水准吃饭的职业，你可以穿得稍稍休闲一点，只要足够整洁即可。

其次，一定记得化个淡妆，头发弄得干净利索点。你可以不那么貌美如花，但一定要保持整洁干净的仪表仪容。

最后，再配个搭色的小拎包。小拎包的作用是：一方面可以装载一些必要的随身物品，另一方面可以让你显得更加女性化、职业化。

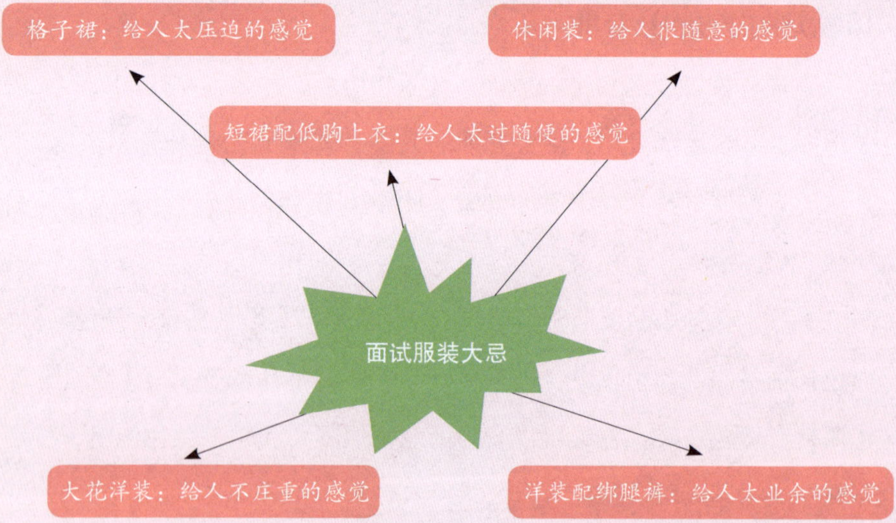

面试服装大忌

站姿、坐姿、走姿都有讲究

良好的站姿，可以让呼吸流畅、精神饱满，让人感觉神清气爽；良好的坐姿，可以体现你优美的体态和美好的气质；良好的走姿，可以展示你的形态美与行为美，让人感觉神采奕奕。无论是站姿、坐姿，还是走姿，都是体态的重要方面，是职场人士保持健康与美丽的基本前提条件。

◆站姿美令人仰慕

站姿是我们日常生活中的第一个引人注视的姿势，也是面试时第一个夺人眼球的体态。一个求职者如果可以保持优美典雅的站姿，则可以为展示不同质感的动态美打下良好的基础。站姿的基本要点是：身体要挺直，但不是僵硬，而是要给人端正又灵活的感觉。面试的时候，良好的站姿能衬托出求职者完美的气质和风度。

排队面试中的良好站姿

平肩，直颈，下颌微向后收

两眼平视，精神饱满，面带微笑

直立，挺胸，收腹，略为收臀

两臂自然下垂，手指自然弯曲

两手可在体前交叉，右手放在左手上

肘部应略向外张

两腿要直，膝盖放松，大腿稍收紧上提

标准站姿七要素

More

求职者应避免的站姿

首先，职场人士在站立的时候要避免身体抖动或晃动，以免做出漫不经心或缺乏教养的姿态。其次，在站立的时候要避免双手插入衣袋或裤袋中，那是一种拘谨小气的姿态，当然，实在有必要时，可单手插入前裤袋。然后，要避免双臂交叉抱于胸前，因为这样给人一种消极、防御、抗议的感觉。再者，要避免双手或单手叉腰，因为这种姿态含有进犯之意，特别是在异性面前叉腰，那是性侵略或性挑逗的前兆。最后，不要两腿交叉站立，那样会给人一种轻佻、轻浮、轻蔑的感觉。

◆坐姿美令人心动

有人说：动态的美能扣人心弦，其实，静态的美也能令人心动。如果在面试的时候，坐姿很优雅、端庄、美好，不仅会给面试官以冷静、稳重、镇定的正面感觉，还可以在关键时刻尽情展现自己优雅的气质、素雅的风范和典雅的风度，这是给面试加分的重要因素。

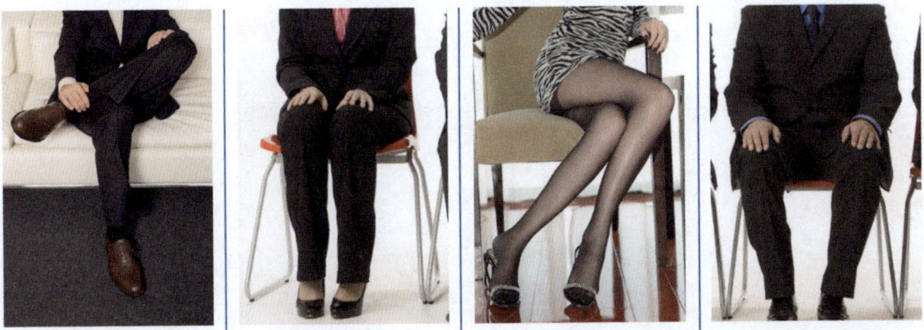

二郎腿，有失端庄　　规整坐姿　　斜着双腿，有失优雅　　“4”字形腿，有失严肃

在等待面试时的不同坐姿

Easy-going

如果在面试的时候，需要你在电脑前进行操作答题，请注意在电脑前保持最佳坐姿：你的胸部与电脑屏幕中心必须在同一水平线上；你的眼睛与电脑屏幕的距离必须在 50 ~ 70 厘米；你的视线应保持水平向下约 30° 的地方；同时，你的腰部要挺直，双脚要着地，膝盖要自然弯曲，呈现 90° 的直角。

- 从椅子左边走到座位前
- 腰部挺直，上体正直，轻稳坐下
- 背向椅子，右脚稍向后撤，使腿肚贴到椅子边
- 双脚并齐，手自然放在双膝上或椅子扶手上
- 双膝应并拢或微微分开，并视情况向一侧倾斜

标准坐姿五要点

More

求职者应避免的坐姿

首先，在落座的时候，要避免双手置于膝上或椅腿上，因为这样往往表达出想要结束之意。其次，坐下的时候，要避免把脚藏在座椅下或勾住椅腿，这样给人一种小气的感觉。然后，要避免双腿分开，伸得老远，这样的姿势极不雅观。再者，要避免“4”字型叠腿，也包括将一条腿弯曲后架在另一条腿上，那样给人目中无人的感觉，更不可以用双手扣腿，甚至晃动脚尖，这样的姿势让人显得傲慢无礼。最后，坐着的时候，身体上部分要伸直，不要左右晃动，这是缺乏教养的直接表现。

◆走姿美令人沉醉

走姿是站姿的延续动作，是在站姿的基础上展示人的动态美的极好手段，能表现一个人的风度、风采和韵味。走路的基本要点是从容、平静、沉稳。面试的时候，优美的走姿会使身体的各个部位散发出动人的活力和迷人的魅力。

小故事

男生走“猫步”被淘汰

在某个礼仪公司的室外初试现场，出现了这样的一幕场景：20 名求职者站成一排，依次进行简单的自我介绍，然后按照面试官的指示，反复训练统一的向左转、向右转或向后转，接着，绕场一圈，并回答面试官提出的礼仪问题，最后结束面试。在求职者绕场一圈的过程中，一个面试官遗憾地说：“15 号小伙子各方面条件都很好，可是怎么走的是‘猫步’呢？男生这样走路太难看了。”另一个面试官摇了摇头，无奈地说：“真是遗憾，就因为这种走姿，我们要将他淘汰！”

职场人士迈步时，脚尖可微微分开，但脚跟应与前进方向保持一条直线，避免用“外八字”或“内八字”迈步。

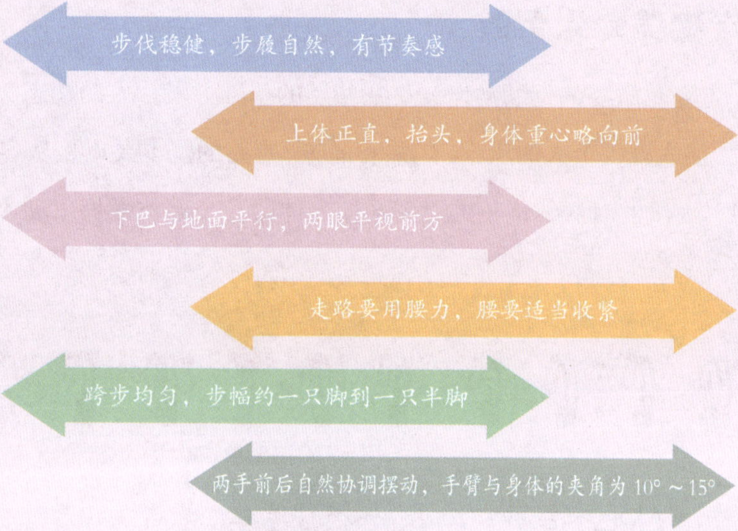

标准走姿六提示

More

求职者应避免的走姿

首先，面试者在走动的时候，要避免身体乱晃乱摆，以免给人一种轻佻、浮夸、缺少教养的印象。其次，要避免双手反背置于背后，这样会给人以傲慢的感觉和呆板的印象。再次，要避免双手插入裤袋，这样显得拘谨、小气、没涵养。最后，要避免步子迈得太大或太小，因为太大，显得不雅观；太小，显得不大方。

言谈举止露优雅

面试的时候，招聘单位对你的第一印象最重要，风度翩翩的求职者往往可以稳操胜券，仪态平平的求职者往往屈居人后。因此，面试时刻，你要仪态大方、举止得体、温文尔雅，树立良好的仪表仪态形象，这样才能让面试官注意 、重视你。在面试过程中，你要注意修炼自己的谈吐、动作、眼神等细节，从容自若地面对面试官的犀利眼神。

◆走进公司的第一形象

当一个面试者进入面试单位办公区域的时候，最好不要四处张望，而是应径直走到面试区域。注意在走进公司之前，收起你的口香糖和香烟等杂物，手机也要关机，以免在面试时分散你的精力，造成尴尬的面试局面。

当你走进面试单位的办公区域，若有前台，则要开门见山，说明

Easy-going

在等待面试的时间里，请不要询问单位的情况或向有关人员索要材料，且无权对单位作品评；不要驻足观看其他工作人员的工作，或在落座后对工作人员所讨论的事情或接听的电话发表意见或评论，以免给人以话痨的印象。

来意，让其指导你走到指定区域落座；若无前台，则找工作人员求助。这时要注意用语文明，“您好”和“谢谢”是必说的；当面试办公室的门打开时，应有礼貌地说声：“打扰了。”然后向面试官们表明自己是来面试的人员，绝不可贸然闯入办公室。

◆等待面试时的良好表现

当你到达面试地点后，应在等候室耐心等候，并保持安静及正确的坐姿。有的公司会提供一些单位资料，你应该仔细阅读一下，先了解基本情况，也可自带一些试题进行温习，但不要来回走动，那样给人一种浮躁不安的感觉，也不要与别的面试者聊天，因为你很难把握谈话对周围的影响，这也许会导致你应聘失败。

面试者更要坚决制止的是：在接待室恰巧遇到朋友或熟人，就旁若无人地大声说话或笑闹，甚至吃口香糖、抽香烟、长时间接打手机。

◆面试时，请这样做

Easy-going

面试就是求职者与面试官之间最直接的“短兵相接”，所以，一举一动、一言一行，都会让面试官尽收眼底。面试礼仪是面试过程中最重要的一个环节，这个环节又由许多小环节构成，如果对礼仪知识知之甚少，或忽视礼仪的作用，在一个小环节上出现纰漏，必然会被淘汰出局。

眼神 → 目光要注视面试官，但不可死盯着面试官看。如果不止一个人在场，要经常用目光扫视一下其他人，以示尊重和平等。

握手 → 当面试官的手朝你伸过来之后，请握住它，握手应该坚实有力，但不要太使劲，也不要使劲摇晃。

面试时的举止雷区

◆眼睛是心灵的窗户

眼睛是心灵的窗户，恰到好处的眼神可以体现出自己的智慧与自信，以及对公司的向往和热情。面试的时候，目光要始终聚焦在面试官身上，这不仅是尊重的表示，也可以更好地获取一些信息、形成一些默契。

标准的面试眼神

正确的眼神表达应该是：礼貌地正视面试官，注视的部位最好是面试官的鼻眼三角区；目光要平和而有神，专注而有力；如果有几个面试官在场，说话之前要适当用目光扫视一下全场面试官，以示尊重；回答问题前，可以把视线投在对方背面墙上，思考两三秒钟之后，开口回答问题，回答问题时应该把视线收回来。

◆语言就是力量

有关专家说：外部形象是面试的第一张名片，语言是面试的第二张名片，它客观反映了一个人的文化素质和内涵修养。谦虚、诚恳、自信、自然、亲切、热情的谈话态度会让你在面试场合受到欢迎，动人的语言、良好的口才将让你获得成功的机会。

面试时，要在现有的语言水平上，尽可能发挥口才的作用。对面试官所提出的问题要对答如流、妙语连珠，内容要恰到好处、耐人寻味，但不可以夸夸其谈，名不副实。

- 不空 → 少用虚词、感叹词之类
- 不繁 → 不要拖泥带水，轻重不分
- 不土 → 尽量不要用简称、方言、土语和口头语
- 不重复 → 重复的语言尽量少用，以免考官产生厌烦情绪
- 不扯淡 → 当不能回答某一问题时，不可含糊其辞和胡吹乱侃

面试时的谈吐雷区

◆适度恰当的手势

面试交谈时，可适当地配合一些手势来讲解，但不要频繁耸肩，更不要手舞足蹈。有些面试者由于紧张，抓耳挠腮、用手捂嘴说话；也有

些人过于兴奋，交谈时舞动双手，还配上太多的小动作，这是不成熟的表现。更切忌为了表达热情与友好而拍面试官肩膀，这样显得很失礼。

More

面试手势发出的信号

在面试的时候，要做出适当的手势，因此要学习几种重要手势的暗示意义：第一，双手分开、手心朝上，说明你诚实和坦率，这样做很得体。第二，挠后脑勺、挠颈部，说明你处在失意或不耐烦当中，请不要让面试官看到你的这种消极情绪。第三，揉眼睛、挠耳朵、摸鼻子，说明你很疑惑当前的状况，这样做不可取。第四，手拧在一起、不停地搓手，说明你很焦虑，不可以这么做。

◆优雅的气质与潇洒的风度

从心理学的角度来看，一个人的言谈举止反映了其内在的气质和修养。不同个性的人，表现出不同的气质；不同价值取向的人，表现出不同的行为习惯，因此，很多公司的用人部门会在面试中通过观察求职者的言谈举止来了解他们的内在气质和修养，并以此来确定其是否是自己公司需要的人才。

优雅的气质和潇洒的风度是面试礼仪中不可或缺的要素。一个有气质、有风度的求职者，必定熟知礼仪的重要性，他会彬彬有礼、落落大方，举止顺乎自然，言谈合乎人情，外表与内涵、肢体与言谈达到高度的统一。

小故事

优雅的气质与潇洒的风度可以走向成功

小米在大学时成绩优异，毕业后，面试了几家公司，都没有成功。后来，她找一位学姐谈心，才知道面试有很多学问，于是接受了面试礼仪方面的专业辅导。再次面试时，心中有了底，心态也非常好，信心十足、面带微笑、举止优雅、语气和缓、应对自如，不但顺利通过面试，还得到面试官赞许的眼光和点头。小米终于用专业求职者的姿态，在众多竞争者中脱颖而出，进入了一家著名的外资公司。

面试官面前不露怯

在面试的时候，如果你是一个从未踏入职场的新生职业者，往往会显得胆怯，不能充分地表达自己，这样面试成功的概率也会下降。这里有几个技巧，能使大家在面试时增添一些底气。

◆面试之前，充分准备

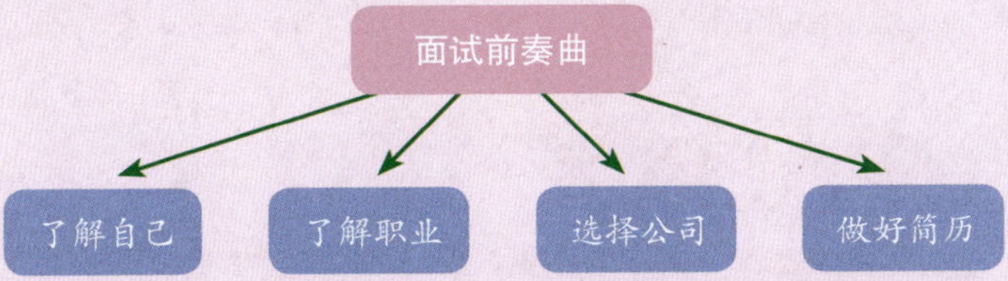

面试之前的准备要点

第一，你要了解自己

大家都说：到大公司工作好。其实不然，在选择公司之前，你一定要权衡一下自己的个性和特长。事实证明，从事与自己性格特长相符的工作，优势会比较明显，工作效率会变高，工作情绪也会变高。

第二，你要了解职业

同一个专业的人，可以去不同的行业工作。在工作之前，要先考虑好，挑选一个适合自己的行业，随着这个行业的发展而发展，未来机会也会变得更多。

第三，你要选择公司

在向公司投递简历的时候，要先了解目标公司当前年度的用人计划，是否有你想应聘的职位，然后有针对性地去应征，切不可执拗地投简历。

第四，你要做好简历

优秀的简历要能抓住 HR 的眼球，因此要选用多种途径，让你的简历直达目标。不要套用单纯的简历模板，要在准确填写基本信息的基础之上，勾勒出自己的个性与特长。

Easy-going

俗话说，机会留给有准备的人。因此，面试者在面试之前要做足功课。如果你要应聘的是一家大公司，那就要进行更多的练习。平时多找朋友练习，纠正一些说话时的弊病，从而增强你的自信，不至于在面试官面前露怯。

◆面试时刻，优雅自信

面试是职场上人与人交流沟通的平台。从某种程度上来说，能够参加面试，尤其是大公司或者知名企业的面试，已经代表了你很优秀。很多人在参加一些大型面试时，都会有不同程度的自卑和胆怯，其实想克服这一点并不难，以下几点面试礼仪可以帮助你远离羞怯，树立自信。

自信面试三要素

- 自己别紧张
- 眼神别游离
- 说话别磕巴

小故事

自信是一种成功的气质

在人才招聘会上，每个招聘台前都挤满了应聘者。韩敏君在一家展台前停了下来，透过那些应聘者的头，将一份简历从空中递上去，朗声说道：“您好，这是我的简历，请您过目。”她的声音很响亮、很自信，主考官抬起了头，并朝着韩敏君的方向看过去。韩敏君自信地回望了主考官一眼，转身离开了展台，在转身的那一刹，她感觉到了主考官赞许的眼神。果然，几天后，韩敏君接到了面试通知，也如愿以偿进入了这家公司。后来，在一次闲聊中，主考官跟她讲：“当时，看你很有信心，在那些拥挤的人中，显得有些鹤立鸡群……”

自己别紧张

不露怯的前提是不要让自己太紧张。当你参加大型面试，或者相同职位求职者很多的时候，不要很快觉得希望渺茫。先不要急着给自己增加压力，要鼓励自己。如果是几个面试者同时面试，可以注意一下别人回答问题时的思路。轮到自己面试时，可以先稍稍准备一下问题的答案，做到“有备而谈”。

眼神别游离

大多数面试官会留意面试者的面部表情，如果你适时地与面试官进行眼神接触，会令面试官觉得你是个自信智慧的人。如果你眼神闪烁、东张西望，会让人感觉不真诚、不尊重人。眼神接触可以表达你的内心感受、自我感觉，因此在适当的时候要注意眼神接触。

说话别磕巴

在面试时，回答问题一定要有条有理，流畅自然，说话的声音要清晰响亮，还要注意回答问题的技巧。可以先在心里整理好答案，以免犯错。

More

面试怯场应对妙招

第一，适当提高服装档次，穿得整洁大方，以改变自身形象，从而提升自信心。第二，面试前做几次深呼吸，心情肯定会很快平静下来，胆量也会倍增。第三，与主考官见面时，要主动与对方进行亲切有神的目光交流，以达到心中有谱。第四，有意放慢自己的说话速度，也可加重语尾发音，说得缓慢响亮，达到掷地有声的效果。第五，当出现紧张的局面时，不妨自嘲一下，让面试官觉得你幽默风趣，也让自己变得轻松愉悦。

保持微笑也是一种礼仪

曾经有位美学家认为：在大千世界的万事万物当中，最美丽的个体就是人。在每个人千姿百态的言行举止中，最美丽的表情就是微笑。面试者发自心底的真诚微笑就像扑面的春风，能温暖人心，化解冷漠，获得面试官的理解和支持。面试的时候，微笑是一门学问、一种艺术、一种礼仪。

小故事

保持微笑也是一种礼仪

有一次，美国著名的希尔顿酒店总公司的老板在所属各酒店都购置了一批现代化设备以后，到各地巡查，每到一地都召开员工会议：“现在我们的酒店已新添了第一流的设备，你们觉得还必须配备一些什么样的东西才会使客人更喜欢它呢？”在员工们各抒己见、献计献策之后，老板总是摇摇头说：“请你们想一想，如果旅馆里只有第一流的设备，而没有服务员第一流的微笑，那些旅客会认为我们提供了一流的服务吗？如果缺少服务员的美好微笑，就好像花园里失去了阳光和春风。假如我是顾客，我宁愿住进虽然只有残旧地毯，却处处可见微笑的酒店，我不会，也不愿走进只有一流设备而不见微笑的地方。”

Easy-going

微笑是礼貌修养的表现，心理健康的标志，也是善良、友好、赞美、欣赏的象征，还是谦恭、含蓄、自信的反映。它具有巨大的感染力，是人们对美好事物表达愉快感情的方式，是对他人的理解、关心和爱的完美体现。

◆微笑的内涵

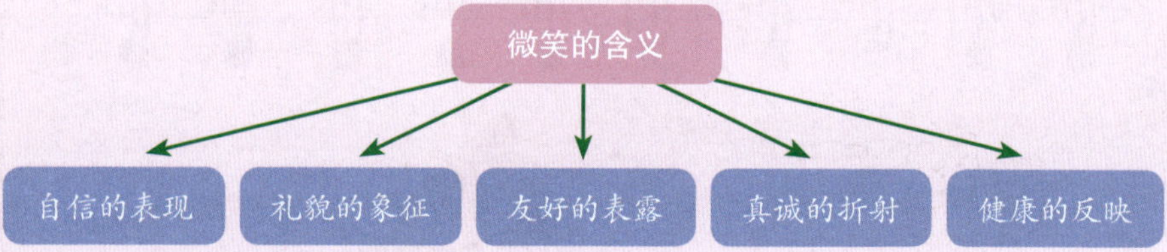

微笑是自信的表现

一个人如果在面试的时候保持微笑，那么这种微笑就充满了自信和力量，并拥有一种超凡的魔力，可以像阳光一样驱散阴云与黑暗，让忧郁、沮丧、恐惧、苦恼等种种情绪烟消云散。

微笑是礼貌的象征

面试时，适时的微笑就是面试者送给他人的心情礼物，会让人感到身心愉悦。微笑面试极富魅力，能感染面试官，使面试过程在愉快和谐的气氛中完成。

微笑是友好的表露

一个人如果能够与别人相处得融洽，往往是经常保持微笑的结果。如果人人脸上都有微笑，会使苦恼的人也感到愉快吉祥。这种微笑用在面试场合更是事半功倍，能拉近与面试官的心灵距离。

微笑是真诚的折射

有的人对于自己的部下或晚辈从不微笑，仿佛微笑有损于自己的尊严，他们只对自己的上司或比自己位重之人微笑，这种人的微笑是一种虚伪的微笑。每一个善良真诚的面试官都不会被这种虚假的微笑所迷惑。

微笑是健康的反映

如果你是一个心理健康的人，请保持真诚的微笑，表现出对别人的尊重、理解和同情，让善良的心地、温暖的情怀、美好的情操、崇高的思想相互交融，你会得到面试官的欣赏与认可。

面试中微笑的魅力

◆微笑的魅力

微笑是一种令人感觉愉快的面部表情，它可以缩短人与人之间的心理距离，为深入沟通与交往创造温馨和谐的氛围。在面试场合保持微笑，至少有以下几个方面的意义：

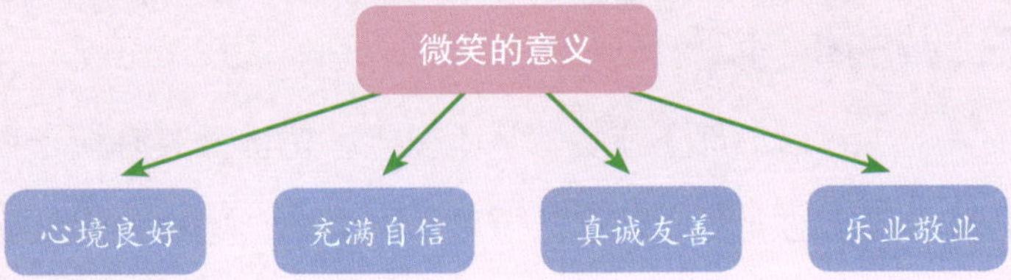

心境良好

面试者面露平和欢愉的微笑，说明心情愉快、充实满足、乐观向上、善待人生，这样的人才会产生吸引面试官的魅力。

充满自信

面试者面带微笑，表明对自己的能力有充分的信心。以不卑不亢的态度与人交往，可以使面试官产生信任感，从而真正地接受面试者。

真诚友善

面试者面带微笑反映其心底坦荡，善良友好，待人真心实意，而非虚情假意，使面试官在与其交谈时心情愉悦，不知不觉地缩短了心理距离。

乐业敬业

真诚的微笑发自内心，渗透着自己的情感，富有感染力，它是所有身体语言中最直接的一种。在面试中，你要把握每个机会展露自信且自然的笑容，从而展现自己乐业敬业的美好特质。

小故事

微笑的魅力

一次，在上海飞往广州的飞机上，有两位外国女士，她们一进飞机就皱起眉头，捂着鼻子，直嚷机舱里有怪味。一位空姐微笑着走来，请她们原谅，并递上一瓶香水。香水却被她们扔到了角落里，接着又是一连串的刁难，可口可乐还没喝，就说有问题，甚至将可乐泼到空姐身上，空姐依然保持微笑，再次把可口可乐递过去，不亢不卑地说："小姐，这可乐是贵国的原装产品，也许贵国这家公司的可口可乐都是有问题的。我很乐意效劳，将这瓶可口可乐连同你们的芳名及在美国的地址邮寄给这家公司，我想他们肯定会登门道歉并将此事在贵国的报纸上大加渲染的。"事后，这两位女士留了一封信，信中称自己太苛刻、太过分，而中国空姐的服务和微笑，世界一流，无可挑剔。

本章教你：

◇上班有礼，工作才能顺利

◇上班一族该如何打扮才得体

◇新同事如何彬彬有礼地进行自我介绍

◇下属如何应对上司

◇ 同事之间相处的礼仪

……

第3章

办公礼仪，职场打拼的“潜规则”

办公室是一个人员云集的地方，也是一个充满人情百态的小社会，因此拥有属于自己小天地的一些礼仪规则。在办公室遵守礼仪，是职场人士的基本要求和直接表现。

作为职场中人，懂得并遵循办公室礼仪，可以赢得大多数人的好感，营造良好的人际关系，创造一个优美、和谐的工作环境，从而使职业生活愉快，工作更有效率。

上班有礼，工作顺利

上班有礼是指人们在工作中应遵循彼此友善、互致方便的礼仪和规范。掌握并恰当地使用工作礼仪，不仅能创造和谐融洽的工作环境，也有利于提高工作效率，还有利于树立企业形象。那么，身为职场中的一分子，我们应该学习并遵循哪些上班礼仪呢？

◆上班之前要怎么做

上班少请假，争取不迟到，不管你的住处距离办公室有多远，每天早上最少提前10分钟到办公室，如果是统一班车，也应提前5分钟赶到候车点。此外，早餐应在办公室之外的地方、上班开始前的时间里完成。每天上班前都要准备好当天所需要的办公用品。不要把与工作无关的东西带进办公室。进入办公室后，请主动清理卫生，即使有专职清洁工，自己的办公桌也要自己清理。每天工作开始前，应花5～10分钟时间对全天的工作做一个书面的安排，特别要注意昨天没完成的工作。这一切都应在上班时间正式开始前完成。

在办公室吃早餐是一种不礼貌的行为，有悖办公室礼仪规范。

Easy-going

职场人士要关注公司与部门的工作和发展，如有想法和建议，应及时通过适当方式向你的上司反映。工作时一定要尽量出色地完成工作目标，不要给自己额外的压力，如果工作不能按时完成或出现意外，必须及时向上司汇报，和上司一起积极寻求新的解决方法，尽量避免发生损失。

小故事

辞职风波

大伟对小强说：“我要离开这个公司，我恨这个公司！”小强建议道：“我举双手赞成你报复！这破公司，一定要给它点颜色看看！不过你现在离开，还不是最好的时机。”大伟问：“为什么？”小强说：“如果你现在走，公司的损失并不大。你应该趁着在公司的机会，拼命去为自己拉一些客户，成为公司独当一面的人物，然后带着这些客户突然离开公司，公司才会受到重大损失，非常被动。”大伟觉得小强说得非常在理。于是努力工作，事遂所愿，半年多的努力工作后，他有了许多的忠实客户。再见面时，小强问大伟：“现在是时机了，要跳赶快行动哦！”大伟淡然笑道：“老总跟我长谈过，准备升我做总经理助理，我暂时没有离开的打算了。”

◆上班时间要这样做

首先，每天都要把必须向上司汇报或跟同事商量的工作安排在最前面。找上司汇报工作、找同事研究工作的时候，应事前预约，并轻声敲门，热情招呼，和气商量。

上班时间，不要处理私事，如果遇到万不得已的急事，需提前向上司请示。此外，不要利用工作电脑聊天、游戏、看八卦。

值得提醒的是：不要总是抱怨公司、抱怨上司、抱怨现实，要热爱你的工作，热爱你的公司，并摆出努力为公司做贡献的良好姿态。

◆下班之后要这样做

下班不早退，下班前要做加密、上锁、关闭电源等事项，要整理好自己的工作文件、材料、资料等物品，除必须随身携带的外，不要将其带回家中。

下班后的办公桌应该这样整洁干净。

如果住公司集体宿舍，应注意寝室和个人卫生，充分尊重室友的生活习惯，彼此友好相处。业余时间要坚持学习专业知识并接受新的信息，每天看电视、阅读主流报刊或上网浏览至少半小时，以开阔自己的眼界，提高自己的学识。

◆出差与赴宴，你该做什么

如果你因公出差，应该遵守和服从公司的人员、时间、经费、工作安排，不提与工作无关的要求与条件，不要借机办理自己的私事。出差在外，应彬彬有礼、礼貌待人，与合作方的有关人员见面时，言谈举止要优雅端庄、礼貌自然。

出差在外的同事，要彬彬有礼、谈笑风生。

作为职场新人，如果你与同事、上司、客户、朋友一同赴宴，应该礼貌让座，必要时还应协助服务员做一些事情。特别要尊重上司、长者、女士，并礼貌敬酒，控制酒量，以免酒后失态。

上班怎么“扮”

当你走出校园，迈进职场，从俏皮可爱的学哥学姐转型成干练爽朗的职场先锋，仿佛从阳光四射的夏日到了爽朗的秋日。这个时候，合适的妆容、得体的装扮，不仅能让你赢得别人的好感，甚至可以帮助你得到上司的认可。扔掉那些花花绿绿的东西吧，职业新人需要端庄、干练与亲和力。

◆上班了，发型要利落大方

认真工作的女人最美丽，专注职业的男人最帅气！但是如果只顾工作而不修边幅，就会给人一种不敬业的感觉，让良好的机会与你擦肩而过！职场人士，请挪出一点时间来为自己塑造一款好看大方的发型，将你的魅力完美释放！

Easy-going

针对不同种类的公司，应对的礼仪也会有所区别，比如创意性强的公司，衣着相对比较自由随意，穿得太正式反而显得刻板僵硬；中介服务类公司，仪表一定要端庄大方，穿着一定要正式规矩。

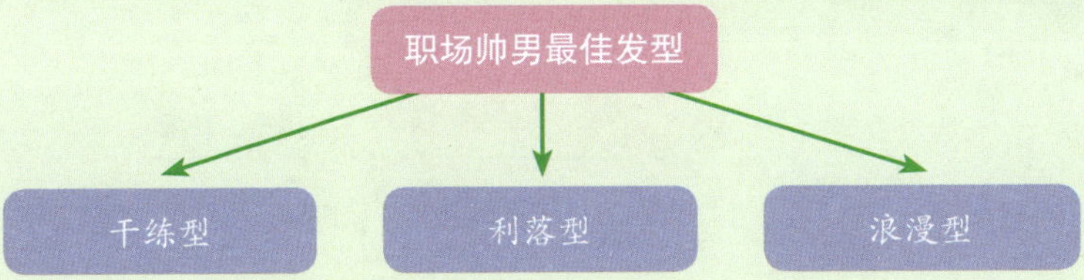

男人要帅，从头开始

干练型

干练型男士可以利用发蜡把刘海的发丝往上拨，头顶营造鸡冠式，露出五官轮廓，棱角分明的发尾可以看出是用心抓出来的。整款发型打造湿发感，给人的感觉是你专注工作的同时也注重外表，从而展现成熟男人的活力。

利落型

男士铲发是利落型发型，从耳际直至后脑勺都应是铲发效果，刘海的塑造非常重要，这样给人的第一感觉便是干净利落，男人味十足。而且打理方便，让职场男性魅力四射。

浪漫型

浪漫型男士发型不需要太多的修饰，自然的发丝蓬松饱满，稍长的斜刘海极具魅力，隐约之间流露出淡淡的忧郁气质，深受职场小女生的喜爱和崇拜。

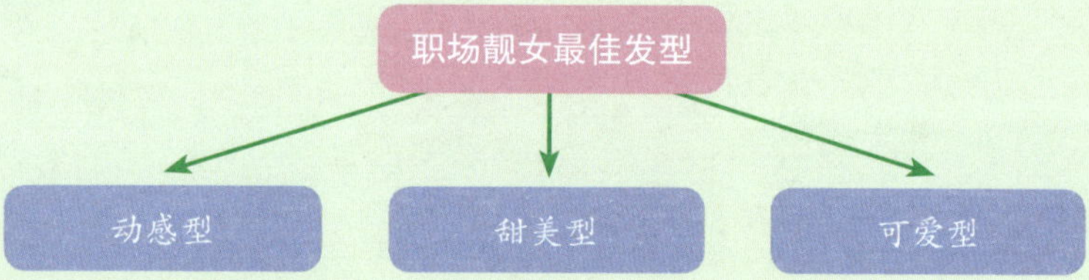

女人因秀发而美丽

动感型

短发有利于塑造动感，用卷发棒将刘海做出卷度，然后用哑光的发蜡做出定型。后面的头发可以用蓬蓬水做出蓬松度和凌乱度。整理发型的时候，要注意发尾的卷翘度，先整理出蓬松饱满的后脑勺，再根据头型轮廓整理发尾卷翘的朝向。

甜美型

蛋卷头就是甜美型发型的一种，利用卷发棒制造出刘海的蓬度，让额头看上去有些突出。用卷发棒在发尾创造出微卷的大卷花，然后利用定型喷雾定型。微卷的大卷花可以增加发型的层次感和活泼感。

可爱型

梨花头是可爱型发型的一种，将发尾的卷度做成“S”形，让卷度整齐向内，发尾向外翘出。利用定型喷雾将发尾定型，再用发蜡调整发尾的方向，并给刘海定型，将刘海分出空隙，露出额头的肌肤，制造出俏丽的感觉。

◆工作了，衣着要得体大方

上班一族在大都市里来来往往、奔波忙碌，总是梦想着有一天能够在人才济济的职场环境里脱颖而出，为此，我们不仅要具备超强的工作能力，还要给人良好的仪表印象和职场气质，这就要涉及你的穿衣品位与搭配技巧。若是想要提高自己的职场形象和职业印象，那么就从穿衣开始晋级吧！

小故事

峰回路转为哪般

王鑫上班第一天就穿了一身休闲装，喜欢端正严肃的公司老总和他的首次沟通就透露了对服装的要求，明确告诉他这般着装与公司风格不符。后来尽管他确实有所改变，但是上司的第一印象，却很难有质的改变，几年下来提升无望。王鑫愤而离开，再换一个工作时，基本全天候西装出镜，即便是夏天，也坚持每天都穿着正装短袖上班，于是新的上司对他十分赏识。后来，他的事业自然也峰回路转。

最佳职场男装

- 暗纹西服套装
- 高领针织衫
- “H”形毛呢大衣

穿衣有术，争做职场型男

最佳职场女装

- 黑色五分袖T恤搭配卡其色长裤
- 玫红色无袖T恤搭配黑色长裤
- 浅蓝色V领衬衫搭配白色百褶短裤
- 双色拼接T恤搭配橘色包臀短裙
- 堆领收腰深蓝色连衣裙

最美职场靓女装

More

职场人士佩戴戒指的学问

左手戴戒指：将戒指戴在小指上表示自己是不婚族，因为小指传达的是一种媚惑性感的信息；戴在无名指上表示已经结婚，相传无名指与心脏相连，最适合发表神圣的誓言；戴在中指上表示已经订婚，可以营造自由爽朗的气氛，使自己变得更有魅力、有异性缘；戴在食指上表示未婚，个性会变得开朗而独立。

右手戴戒指：将戒指戴在小指上表示不谈恋爱，也表示有些自卑感；戴在无名指上表示热恋中，也表达自己很随和；戴在中指上表示自己已名花有主，同时也表示崇尚中庸的人生观念；戴在食指上表示自己是单身贵族。

自我介绍，彬彬有礼

作为职场新人，可能都有过三分钟自我介绍的经历。要在短短的三分钟里，通过自我介绍让别人记住自己，不是一件容易的事。有些职场新人能多短就多短地报个大名，自我介绍连三分钟都用不了，讲几句空话就草草了事。其实这样做不可取，自我介绍是在职场与社交场合把自己介绍给别人，使对方认识自己、重视自己的重要方式，因而三分钟自我介绍是一次难得的自我展现的机会，职场新人一定要重视。

◆自我介绍的时机

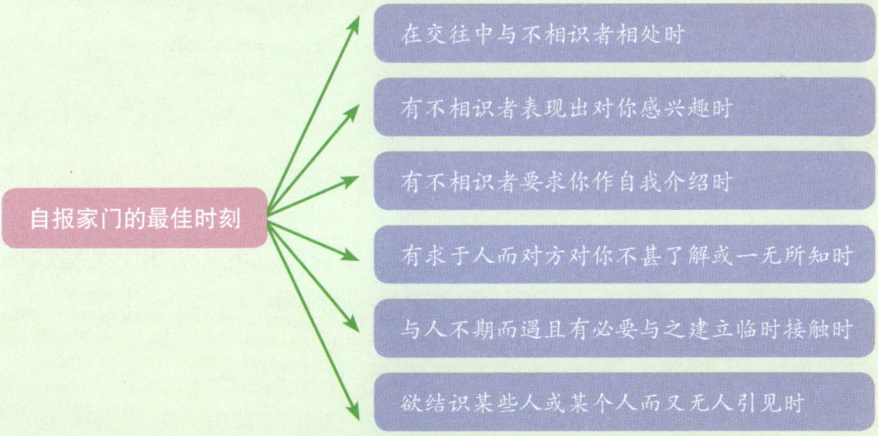

打个招呼也要看时机

Easy-going

值得注意的是，夸夸其谈甚至炫耀式的自我介绍，一般不会收到良好的效果，相反，谦虚大方的自我介绍却能赢得他人的尊敬与信任。尤其是向位高权重的人士介绍自己时需特别留意，否则，会让你失去很多机会。

◆ 自我介绍的形式

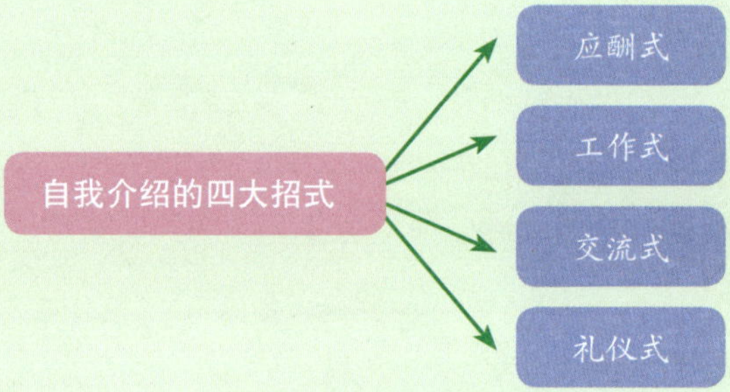

自我介绍的形式

应酬式自我介绍

这种自我介绍最简洁，往往只包括介绍者的姓名，适用于某些职场公共场合和一般性的职场社交场合。例如：“您好，我叫 ××。”“您好，我是 ××。”

工作式自我介绍

这种自我介绍也比较简单，包括介绍者的姓名、供职单位及部门、职务或从事的具体工作等，适用于工作场合与业务现场。例如：“您好，我叫××，是××公司的销售经理。”“您好，我叫××，在××公司从事销售工作。”

交流式自我介绍

这种自我介绍相对比较具体，包括介绍者的姓名、工作、籍贯、学历、兴趣，以及与某些人的关系，适用于职场社交活动中，希望与交往对象进一步交流与沟通。例如：“您好，我叫××，在××工作。我是××的同学，都是××人。”

礼仪式自我介绍

这种自我介绍最详尽，不仅包括姓名、单位、职务等事项，还加入了一些适当的谦辞和敬辞，适用于讲座、报告、演出、庆典、仪式等一些正规而隆重的场合。例如：“各位领导、各位同事、各位来宾，大家好！我叫××，是××公司的销售经理。我代表××公司全体员工欢迎大家的光临，希望大家……”

◆自我介绍的内容

通常情况下，职场新人自我介绍的内容包括三项基本要素：介绍者的姓名、供职的单位以及具体部门、担任的职务和所从事的具体工作。在自我介绍时，这三项要素应一口气连续报出，这样可以给人完整的印象，不至于让人摸不着头脑。

应对上司，恭而有礼

从工作的角度看，上司就是上司，下属就是下属，不管是比你年龄大还是比你年龄小，资历比你深还是比你浅。所以，下属要尊重上司，服从上司，维护上司的尊严。职场新人在与上司相处的过程中，修炼良好的礼仪，与上司保持良好的关系，是顺利开展工作的重要条件，也是保持自己身心愉快、事业进步的重要因素。

◆摆正上下级关系

要摆正关系，正确的做法应该是：不卑不亢，坚信人格上与上司是平等的；平时保持适当的距离，不要动不动就称兄道弟；工作上应该勤奋积极，成为上司的好参谋和助手；要经常主动向上司学习，提高自己的工作能力与水平；对不同的上司要做到在人格上一样尊重，在工作上一样支持，在组织上一样服从，不要亲疏有别，让人有意见。

Easy-going

上司是决定你去留升迁的关键人物，懂得与上司相处的礼仪，不仅能够获得上司的信任和喜欢，而且也会使自己更快地进步。职场如战场，而上司就是你的大帅，他的权威感不容侵犯，所以，职场中的人，尤其是新人，一定要注意与上司相处的礼仪。

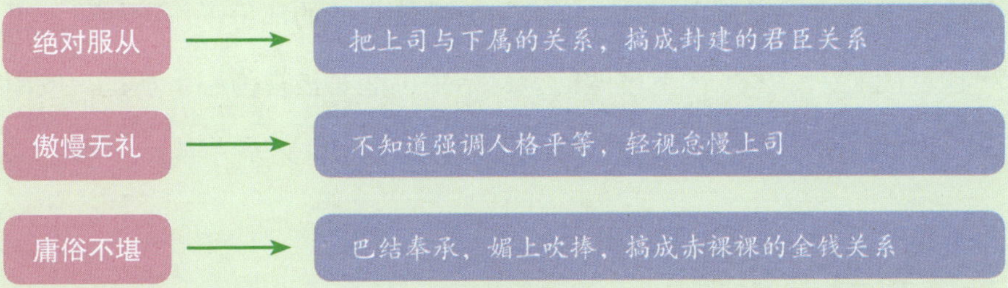

三种不良情况

◆尊重上司不能“越位”

俗话说：“不在其位，不谋其政。”上司与下属分工不同，不能相互替代，否则，就会带来工作上的混乱。在工作上，下属对上司最大的

小故事

“越位”的悲惨结局

明朗以优异的成绩、名牌大学毕业的身份进入了一家IT传媒公司做网络编辑。刚进去工作两个月，明朗就发现这家公司所出的只是些皮毛的促销信息和新闻通稿，而少有真知灼见的深度报道。于是，明朗就写了一份非常长的建议书直接呈给老板，希望得到重视，结果这一举动惹恼了他的上司和全体同事，他们认为明朗根本不了解员工每天的工作强度，大家单单是完成每天规定的网上信息更新已经花掉了相当长的时间，根本就没有精力再作深度报道。最后，老板不得不提前作出解聘明朗的决定。

支持，不是出力代劳，而是做好上司分配给自己的那份工作。如果你喜欢越俎代庖，做多了你不该做的事，结果可能是被视为心术不正，或图谋不轨，落个出力不讨好的下场，还容易把上下级关系弄僵。

◆不可锋芒毕露

与上司交谈的时候，不可锋芒毕露，做出一副咄咄逼人的样子。你的聪明才智需要得到上司的赏识，但如果你在他面前故意显摆自己，则不免有做作之嫌。上司会因此而认为你是一个恃才而骄、狂妄自大的无知之辈，在心理上难以接受你的能力。

More

与上司过度亲密就是失礼

无论上司如何喜欢你、欣赏你，你都不要得意忘形、不拘小节、冒冒失失，要注意保持得体的仪态，遵循礼貌相处的礼仪。比如，上司正在开会或处理一些重要公务，你不可以轻易闯进去打断他正在进行的事务，应该等候或下次再来。除非遇到紧急公务，你才可以中途进去，但要注意彬彬有礼。再如，在工作时间有事找上司，说话要简洁明快，不要绕弯子，不要唠叨不已，不可谈些无关紧要的话，要快速进入正题，这样才能给上司留下好印象。此外，进入上司办公室，不管上司在不在，都不能随意翻阅上司桌上的资料或文件。

寻找自然话题 → 让他知道你有知识、有见解、有能力

不要故弄玄虚 → 他会认为你是在故意为难他、威胁他

与上司交谈的两大原则

◆恰当赞美你的上司

上司也是人，也需要从别人的评价中了解自己的成就及在别人心目中的地位。发现上司的某个优点时，可以毫不顾忌地表达出你的赞美之意。当受到称赞时，他的自尊心会得到满足并对称赞者产生好感，拉近彼此之间的距离。下属喜欢上司，上司自然也喜欢下属，这是人际吸引中相悦作用的结果。

◆正确对待上司的批评

上司批评你时，一脸的不高兴，这是不可取的态度。

通常情况下，上司总要对下属的工作作出评价。当上司批评你时，你要诚恳接受。犯错误本身并不影响上下级关系，关键是犯了错误之后，接受批评的态度。如果你被批评后板着个脸，上司会认为你不服气，在抗议。如果你被批评后，找来一大堆理由为自己争辩，上司会认为你强

词夺理，这些都是大忌。相反，当你受到上司的批评时，如果能够谦虚接受，并适当地做一些自我批评，一方面可以缓和僵局，另一方面可以让上司放心。

◆慎重对待上司的失误

作为下属，当你的上司在工作中出现失误时，千万不要表现出幸灾乐祸的样子，或者保持冷漠旁观的态度，这样会让上司感到寒心，从而疏远你。在上司陷入困境的时候，如果你能担责任就担责任，如果你不能担责任，则可帮助他分析原因。记得要对上司多加劝慰，不要指责他、嘲讽他，否则，你会把你们的关系搞僵。

More

不要为上司背黑锅

当你的上司犯了错误，为上司背黑锅这种方法不可取，因为这事与你没有直接关系，你没必要越俎代庖。如果问题很严重，最重要的就是想出合理的补救方法，这是对上司提携之恩的最好报答。如果实在无法挽救，那也只能祈祷上司能化险为夷，因为任何人都要对自己的所作所为负责，承担责任是一个人最起码的义务。

融洽同事，礼顺人情

同事之间和睦相处的宗旨是要提高工作效率，当然也要兼顾他人的难处。与同事交往，需要真诚相待、相互尊重、依礼而行，办公室内部人员之间要友好相处、互相帮扶、减少摩 擦、保持团结。

◆同事之间要“亲如一家”

同事之间，大都具有同样的工作条件，“同在一个屋檐下”，“抬头不见低头见”，因此，同事之间应该建立一种“亲如一家”的认同感和亲近感，从而使人际关系变得更加和谐，同事们应如同身处一个大家庭一般，相亲相爱，相互帮助，其乐融融。

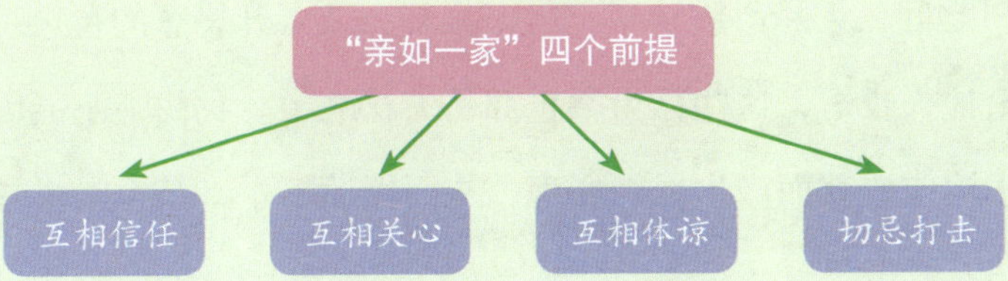

“亲如一家”四大前提

互相信任

互相信任是同事之间友谊发展的桥梁。只有彼此之间真诚坦率、相互信任，才能换得真情实意，使彼此关系更加亲密、纯洁、美好。反之，如果大家弄虚作假、尔虞我诈，互相之间再要点小权术，则必然会损害同事友谊。

互相关心

关心同事，是形成良好同事关系的重要保证。当同事有困难之时，千万不要吝惜你的关心与安慰，要将心比心，伸出援助之手，让他感受到你的真诚和善良。这是赢得友谊的关键。

互相体谅

互相体谅是同事关系的润滑剂。同事之间朝夕相处，一时的误会或不悦在所难免。如果出现误会，应主动向对方道歉，寻求对方的谅解；如果同事对你产生误会，应该向对方解释清楚，不要小肚鸡肠、怀恨在心。

切忌打击

同事之间，切忌心胸狭窄、打击报复，或者开恶意的玩笑捉弄人、背后议论他人长短，这些行为举止都是失礼之举。我们绝不能因同事的优秀、幸运或成就而产生忌妒心理，从而愤愤不平，甚至寻衅滋事，或造谣中伤、打击报复。

Easy-going

同事关系不同于朋友关系和家人亲友关系，与同事相处的时间有时可能比家人还多，我们应珍惜同事之缘。融洽的同事关系是“干活不累”的前提，还能使我们开心上班，开心下班，开心生活。

◆同事之间要“保持距离”

同事之间，尤其是同一办公室的同事之间，一切办公程序都暴露在他人的眼皮底下。但是，在众目睽睽之下操作是一件相对尴尬的事情。因此，职场人士要懂得巧妙地运用躲避、回避等招数，让同事之间保持一定的距离，这是同事礼仪的重要方面。

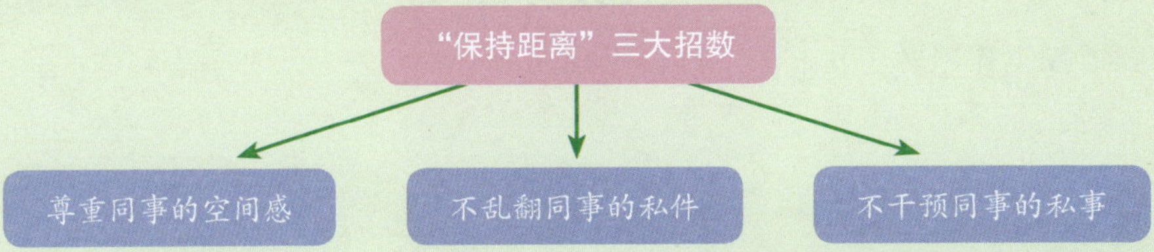

“保持距离”的三要素

小故事

同事之间要“保持距离”

小红是一位非常聪明的姑娘，性格开朗、大方，对人坦诚，喜欢帮助别人，但心中装不下事情，特别是自己的一些事情总喜欢说给同事听。刚开始同事都很喜欢她，但时间长了，都开始躲着她，她很不理解，索性调到了另一个单位，可过了一段时间，又出现了相同的情况。小红非常苦恼，为什么我对别人那么真诚，别人却不喜欢我呢？其实原因很简单，就是她没有与同事之间的“保持距离”。

尊重同事的空间感

人际关系中的空间距离表示彼此之间亲密关系的程度，保持距离，疏密得当，就是为了尊重对方的私密空间和私人领地。我们看到同事在写东西，或阅读书信时，不管自己有多么好奇，都不要窥视，最好选择躲避，即便需要从其身旁走过，也不要离得太近。同事在办公时，如果你没有重要事情需要切磋，请不要去打扰；也不要随意询问，以免打断同事的工作思路，从而制造尴尬的局面。

不可乱翻同事私件

每个人在公司都有属于自己的一方天地，如抽屉、物橱、写字台等。不随便翻动同事的私件，既是一种文明礼貌，也是一种礼仪规矩。即使要在同事的私人地盘上找公共的东西，最好也让同事代找。

不可干预同事私事

每个人都有自己不愿被别人知道的隐私。因此，我们不能在大庭广众之下，大谈同事不愿透露的事情。当我们碰到陌生人找同事谈话，如有可能，最好避开，让同事感到方便。即使无法离开，也不要伸着耳朵去偷听，应该尽量去干别的事情。此外，当我们代转同事的信件时，只要放到他桌子上就可以了，不能过分留意写信人的地址，更不能对着光亮查看信中的内容，这些都是有失礼仪的行为。

More

同事之间不要飞短流长

有些人很喜欢捕风捉影地说些同事的谣言，甚至将一件小事慢慢添油加醋，使整个事件严重起来。或许这个谣言会成为一个天大的笑话，或许这个谣言会成为一粒悲剧的种子。如此一来，同事之间的人际关系自然会出现一条深深的裂痕。如果从其他同事的口中听到一些闲言闲语，绝不可以附和他。如果你对别人的事情不加一句评论，听过就忘记了，那么你将拥有良好的人缘。

◆同事之间要“一视同仁”

每个同事的个体不同，因而存在着性别、性格、年龄、阅历、能力、家庭、文化水平等各方面的差异，同事之间虽熟悉，但不同于朋友，经常会有自己喜欢的和不喜欢的同事共处一室，在交往态度上，特别是在上班时间，一定要保持一视同仁，平等对待。

在工作方面，同事之间应相互协作；在贡献方面，应当提倡彼此竞争；在荣誉方面，应当礼让谦恭。一视同仁还必须做到一如既往，而不是贵贱不明时，一视同仁，了解情况后，亲疏有别；也不能在同甘苦时，一视同仁，升迁分手后，另眼相待。

笼络下属，礼贤下士

有的位高权重的人，处在高处，居高临下，容易飘飘然。有些上司同下级说话时，经常大声训斥，不尊重下属，不关心下属，甚至看不起下属，这些都是有悖礼仪的错误做法。真正合格优秀的上司与下属相处时总会遵循亲近下属、信任下属、关心下属、尊重下属这四点黄金准则，让自己的下属更加尊重和敬佩自己，从而更加踏实努力地把下属团结在自己的周围，一同为公司做贡献。

◆亲近下属

作为上司，要增强自己对下属的影响力，就必须缩短与下属之间的人际距离，通过接近下属来增强自己的吸引力和影响力。想要成为一个亲民的好上司，要做到和下属们打成一片，知无不言，言无不尽，上情下达，不让人产生距离感，不养尊处优，更不傲慢无礼，看不起下属。这样，你的下属会觉得你是一个平易近人、不摆架子的优秀上司，从而会更加尊敬你、信任你、爱戴你。

亲近下属是一种领导风范与职场礼仪。

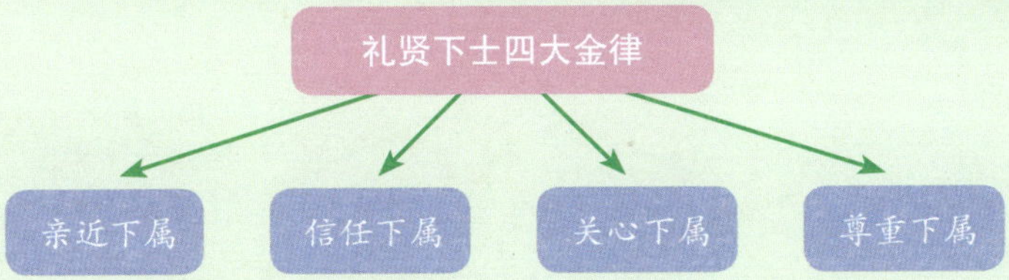

礼贤下士四大金律

Easy-going

作为上司，你要培养自己的优雅风度，不论是着装还是其他方面，都要体现以身作则的态度，不要让一些生活细节丑化了自己的形象。同时，作为上司，对待下属应该和蔼可亲，这样易得到下属的敬重。有时候，可以适当表扬你的下属。注意不要因为自己的过失而责怪下属，要勇于承担责任。即便下属做错事了，批评时也要注意就事论事，不要盛气凌人，做到平易近人、语重心长。

◆信任下属

身为上司，必须相信下属，下属是你招来的人，他们就像是你的孩子，你要充分相信他们的能力和人格，相信他们只要想做就一定能做好，相信他们可以完成任务。当然，在对他们保持充分信任的同时，也要细心一些，防止他们出现偶然的失误，一旦下属出现了失误或遇到了困难，你就要积极鼓励他们，适度地引导他们。

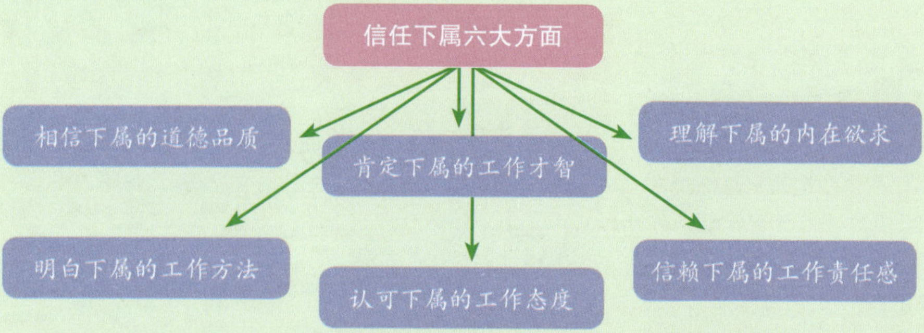

信任下属的方方面面

小故事

关心也得有方法

业务员刘川办完一个业务，回到公司后兴奋地向上司王林汇报：“刚才我在那家批发公司花了很多时间解释我们公司产品的性能，让他们知道我们的产品是他们的最佳选择，顺利地推销出去一百台机器。”王林却不放心地说：“但是，你完全了解客户的情况了吗，会不会出现反复的情况呢？你知道我们部的业绩是和推销出的产品数量密切相关的，如果他们再把货退回来，会很打击我们的士气呢！”刘川有些生气与失望，他不耐烦地解释道：“我是先在网上了解了他们的相关需求信息，然后才到他们公司去联系并洽谈的，你觉得我的思路或能力有问题吗？”王林讪讪地说：“别激动嘛，我只是出于对你的关心才多问几句的。”刘川不满道：“关心？你是对我不放心吧！”这个案例告诉我们，关心下属要有方法，信任下属是前提。

◆关心下属

身为上司，你必须学会关心自己的下属，把下属的事当作自己的事，把下属的困难当作自己的困难，及时了解下属的状况，并帮助下属寻求解决问题的办法，如此一来，你就会深得民心，会让下属在做好自己的分内之事的同时，还能够积极地支持和配合你的领导工作。因此，上司要把下属的冷暖挂在心上，尽力解决下属在生活中遇到的问题或困难，及时分担下属在工作中遭遇的负担与尴尬。

◆尊重下属

身为上司，不能鄙视你的下属，要学会从各个方面尊重下属的工作和努力，尊重他们的劳动成果。再小的业绩、再小的成果，无论在你眼中是多么微不足道，也要予以肯定与鼓励，而不是视而不见，冷漠对待。对下属来说，上司的认可、尊重、鼓励是他们前进的源泉和动力。同时，不仅仅在工作上，在一些个人习惯或作风上，上司也要充分尊重下属，不能因为下属买不起品牌、开不起好车而看不起他们，甚至嘲笑他们。

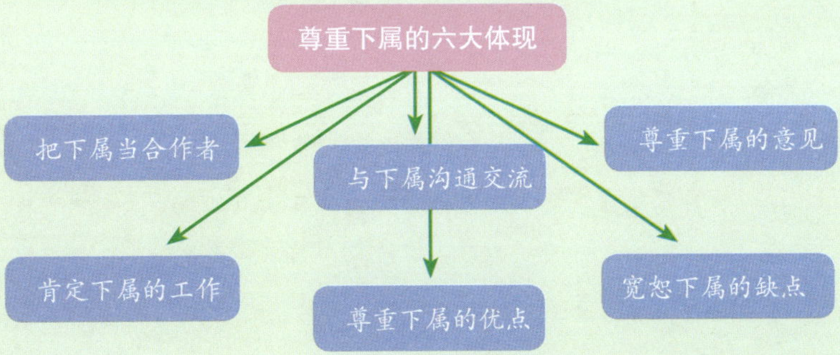

充分尊重你的下属

清理办公桌，白领必知的礼仪

一个职员的办公桌就好比一个人的脸，桌面的风格可以看出这个人的个性，桌面整洁与否，可以看出这个职员对生活与工作的态度。如果办公桌面上乱七八糟、垃圾成山、一片凌乱，那么就会影响我们的工作心情和工作效率。所以，我们应该让办公桌保持良好的环境，给自己一个轻松愉悦的工作环境，这也是一种必知的办公室礼仪。

◆精简办公桌面

办公桌是你工作的平台，不是摆放物品的仓库，因此要做到整洁干净。一般来说，办公桌面上只摆放我们最常用的东西就可以了。对于我们办公室一族来说，桌面上最常摆放的东西就是电脑和电话。其余的都可以放置他处，就算是当下会用到的东西，可能临时会摆在办公桌上，

Easy-going

办公桌上不可以一片凌乱，但是桌面上如果空无一物，也不是一件好事。如果连一些常用的东西都不放在桌面上，那么找东西会很麻烦，而且如果桌面收拾得太干净了，还会让上司认为你无事可做。因此，整理办公桌，只要做到舍弃多余的东西即可。

第一个四分之一的地方 → 存放你准备丢弃的东西

第二个四分之一的地方 → 存放你可以转给别人去处理的文件

第三个四分之一的地方 → 存放最近必须由你亲自处理的文件

第四个四分之一的地方 → 存放你工作中马上就要处理的文件

向你推荐有效的“四分法”

在工作结束后也要马上收拾起来。当然，有些特殊的工种，如文员类的工作，可以在桌面上准备一个书架和一个笔筒，用来放笔和常用的档案，以便查阅与写作。

◆固定物品的分类摆放

有的时候，我们会遇到这样的情况：工作期间需要去找某一个档案或某一些资料文件，但是怎么找也找不到，这是因为我们平时没有把物品存放在固定位置，从而在紧急时刻不知道它们各自在哪儿。我们可以把常用的工作用品分一下类。比如，我们

办公桌上一片凌乱，这是一种非常失礼的状态。

可以按照使用频率来划分：最常用的、偶尔用的、临时用的；也可以按自己的习惯来划分：A类文档放在第一层抽屉、B类文档放在第二层抽屉、C类文档放在第三层抽屉，以此类推。将它们摆放在指定位置，用的时候即可轻松找到。一旦养成这个习惯，不但可以保持桌面清洁，还可以提高工作效率。

◆经常清理数据文案

我们在工作的时候经常会在电脑中来回修改、备份手头的数据，结果一通工作下来，满桌面都是相同的文件。我们在确定工作完成之后，可以只保留最终数据，尽可能大地节约电脑空间。相较于文具，文件或数据更容易积累，初版、修改版、再改版堆积如山，此时的整理原则是：只需保留结案后的最终版本。

Easy-going

办公桌上有一个非常重要的办公工具，那就是电脑，它也需要你的呵护与清理，因此你必须定期整理一下电脑里的程序和文档，该升级的升级，该杀毒的杀毒，该备份的备份，该清理的清理，这样电脑运行会更迅捷，工作效率也会更高。

会议时刻请准备

会议通常是指将特定范围的人员召集在一起，对某些专门问题进行研究与讨论，有时还需作出决定的一种社会活动的形式。不论是召集会议、组织会议，还是参加会议、为会议服务，办公室员工都必须遵守一些基本守则与规矩，即会议礼仪。

◆座次礼仪

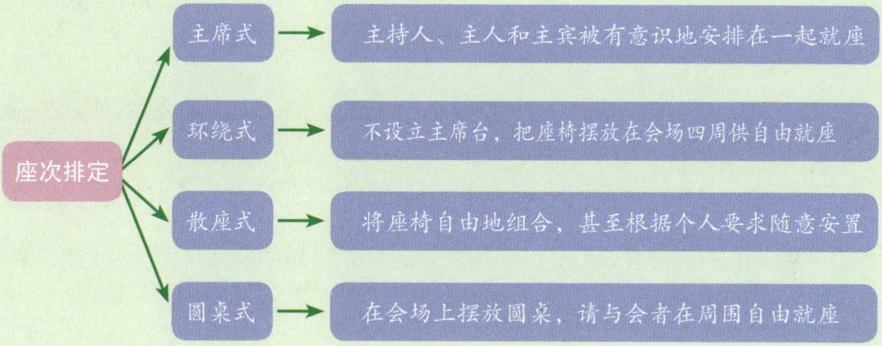

座次排定有讲究

小型会议座次安排

More

座谈会的必要礼仪

座谈会的礼仪有以下几个方面：首先是座位的安排礼仪，通常是主持人和与会者围圈而坐，以便创造一种平等的气氛。其次是自我介绍礼仪，如果参加座谈会的大多数人有互相不认识的，主持人应该逐个进行介绍，或引导他们进行自我介绍，以融洽会议气氛。然后是言谈礼仪，座谈会的宗旨是希望大家在会上畅所欲言，知无不言，言无不尽。话语可长可短，内容围绕主题，讲话次序可你一言我一语，不要求非得像完成任务似的一个个轮着来，讲完一个算一个，允许大家插话，鼓励大家讨论。

◆与会礼仪

作为职场中人，可以参加公司和部门内部的会议，也可以找机会参加一些公司以外的会议，但一定要养成顾全大局的会议习惯。因此，在参加会议之前，要做好准备。

开会之前，如果你临时有急事不能参加会议，必须及时通知相关人员。参加会议之前，要多听取上司或同事的意见，认真准备参加会议所需的资料。

开会的时候，如果让你发言，你的发言应简明扼要。在别人发言时，不要随便插话，不要说悄悄话和打瞌睡，那样会破坏会议的气氛。值得注意的是，如果没有特别的情况，请不要中途退席，即使要退席，也要征得主持人或相关领导的同意。

公司活动，礼为情貌

职场之上，每个公司都会定期或不定期地举办一些集体活动，如：主办活动、文娱活动、专题活动、商务活动、促销活动、参观活动、休闲活动等，这些活动都要求工作人员掌握其中的一些基本礼仪。

◆主办活动的礼仪

主办活动的时候，我们难免要在活动进行的正式场合出头露面，如讲话、颁奖、捐赠、被采访拍照、摄像等，这时候就要注意礼仪。一般来讲，男士穿西服套装、女士穿西服套裙，言谈举止彬彬有礼；喜庆场合上衣胸前口袋里还要插上花饰；当捐赠钱物或颁奖时，要用双手捧着大红纸包或奖品，并向观众致意，赠完钱物、发完奖品后要与对方微笑着握手致意。

◆促销活动的礼仪

促销活动是销售人员与顾客沟通的活动，其中有很多必须注意的礼仪。在促销活动中讲究礼仪，对融洽与顾客的关系、改变顾客的购买行为和消费方式，会有积极的推动作用。

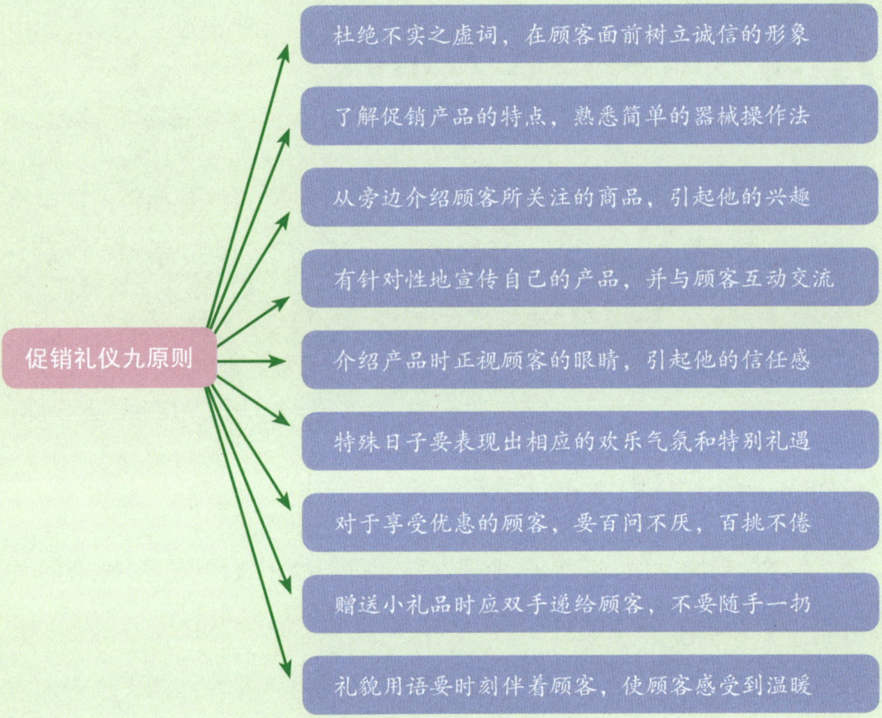

促销活动中的基本礼仪

◆参观活动中的接待礼仪

在参观活动中，接待是关键工作。接待工作中的礼仪，不仅影响参观者对企业的了解，而且也关系到参观者对企业的印象，对搞好内外部关系以及达到相互协作的目的，会产生积极或消极的作用。

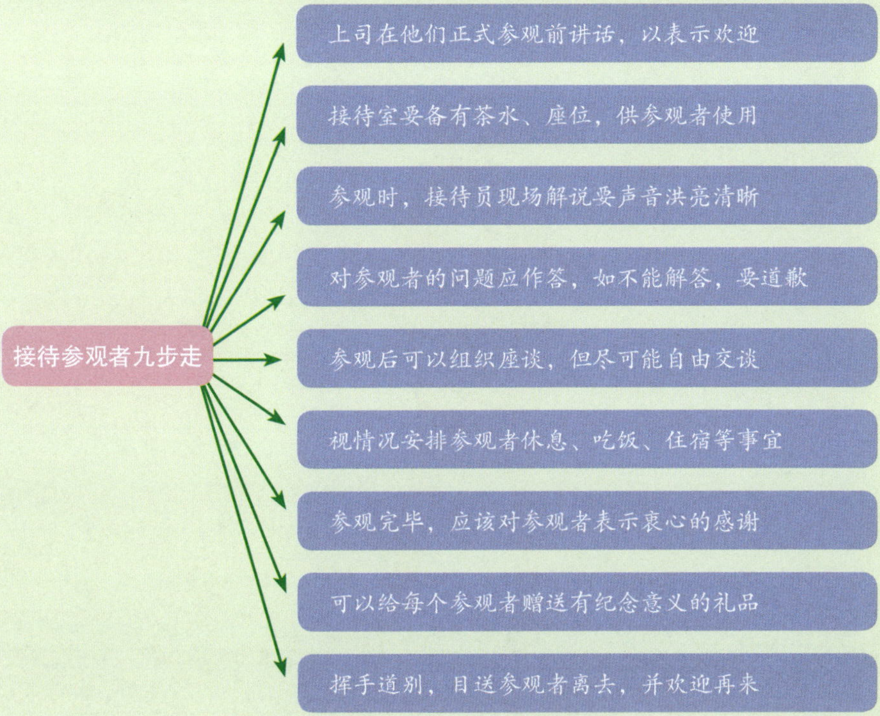

参观接待中的必要礼仪

Easy-going

接待工作做得好，会给参观者留下深刻而美好的印象。接待工作中要不得半点马虎。担任接待工作的人员是接待工作的门面，不能仅仅注重其相貌，更应注重其素质。接待人员要对公司的情况、产品的情况有较多了解，在人际交往中有良好的心理素质，表达流利、口齿清楚、普通话讲得标准，有公关意识，有良好的修养，仪表仪态得体大方，行为举止端庄优雅。

本章教你：

◇ 公关客户，就是伺候上帝

◇ 迎来送往客户的必知礼仪

◇ 使用名片的礼节

◇ 谈判桌上要遵循的礼仪要点

◇ 公开赠送礼品的礼仪问题

……

第4章

公关礼仪，有礼有节有人缘

公关是指社会组织如企业等为了生存与发展而进行的形象塑造、传播沟通、影响公众的一门交际艺术；公关活动是指以公关为目的的策划与实施过程；公关礼仪则是公关人员在公关活动中应遵循的礼仪规范。

职场中的公关礼仪一般包括公务礼仪与商务礼仪，前者是指职场人士在公务活动中应遵循的礼仪，如迎来送往、会见会谈等，后者是指职场人士在商务应酬中应遵循的礼仪，如接待、谈判、庆典等礼仪。

公关客户，就是伺候上帝

“客户就是你的上帝”，这句话所强调的绝不是表面的礼仪功夫，而是发自内心的礼仪服务。上帝在消费之前，将商家命运紧握在手；上帝在消费之后的感受，则是下一次消费的依据；循环往复，所以礼仪服务决定商家的命运。

◆尊重客户的人格

人与人是平等的，尊重客户，关心客户，不但不是地位低下的表现，反而是一种高尚的礼仪。特别是要友善对待出言不逊的客户，要给予其尊重。对客户友善、尊敬，是处理与客户关系的重要原则。

Easy-going

礼仪的尊重原则，通过提供热情、周到的服务来体现。服务人员为客户提供服务时，既要热情友好，尊重他人，殷勤接待，又要自尊自爱，端庄稳重，落落大方，体现平等公正，不卑不亢；既要彬彬有礼，又不能低三下四；既热情大方，又不能轻浮、阿谀奉承。

◆善用礼貌的语言

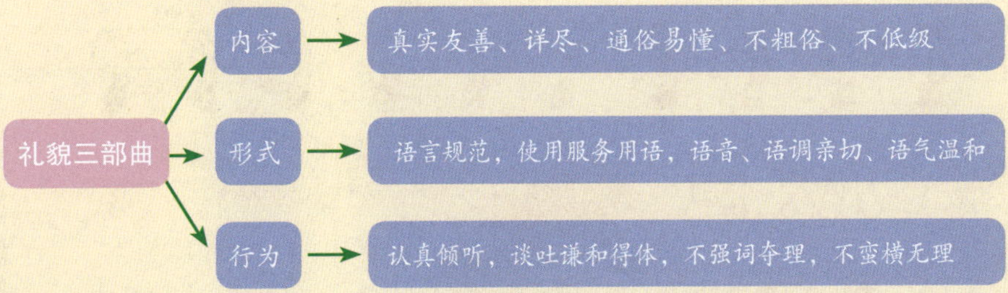

礼貌语言的三要素

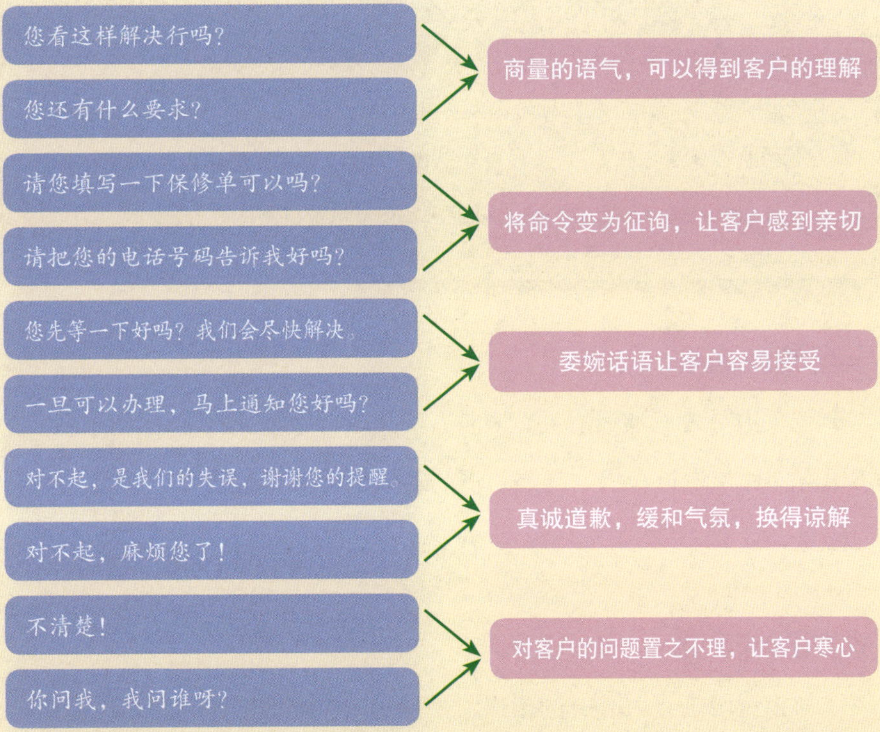

注意一些温馨提示

◆保持优美的体态

小故事

奇妙的微表情

1960年美国总统大选，肯尼迪和尼克松进行竞选之前要进行辩论，由于当时美国大多数的民众还没有电视机，他们只能够用收音机收听这次辩论。在随后的民意测试中，统计人员惊奇地发现，听收音机的人大都相信尼克松能够当选，而看电视的人大多数都认为肯尼迪能够当选。当时许多人都不明白这是为什么，后来经研究发现，肯尼迪拥有极富说服力的微动作，而尼克松仅仅是口才出众。这充分说明了行为举止微表情的用处。

丰富的微表情

公关人员可以通过眉毛、眼神、嘴唇、脸色变化构成丰富的面部表情语言，比如通过喜眉、扬眉、展眉等眉毛微表情给客户以欢快和欣慰的印象。

适度的小手势

如果说眼睛是人心灵的窗户，手就是人心灵的触角，也可以说手是人的第二双眼睛。因此，手势语言是运用手的动作变化表达一种无声的语言。

优美的肢体动作

肢体动作是对有声语言的强化和补充，直接反映一个人内心情感的变化。公关人员的站姿要庄重平稳，坐姿要端庄平直，步姿要轻盈适速，点头要自然适度，起立要快慢适宜。

More

顾客面前不该说的九种话

一是禁止说批评性话语；二是杜绝说主观性的议题；三是不要说专业性术语；四是尽量不说夸大不实之词；五是千万不要说攻击性话语；六是避谈隐私问题；七是不要说质疑性的话；八是避免谈枯燥的话题；九是不要出口成“脏”，尽量回避不雅之言。

迎来送往讲礼仪

迎来送往是表达主人情谊、体现礼貌素养的重要方面，也是社会交往接待活动中最基本的形式和重要环节。在和客户交流相处的过程中，迎来送往礼仪就显得尤为重要，因为此时任何一个员工都已经不仅仅代表他自己，而是代表了整个公司的形象。

◆迎送客户的礼仪

迎接仪式是给客户良好的第一印象的最重要工作。给对方留下好的第一印象，就为下一步深入接触打下了基础。迎接客户要有周密的部署，应注意以下事项：

接站时刻请准备

对前来访问、洽谈业务、参加会议的客户，应首先通过电话了解对方到达的车次、航班，安排与客户身份、职务相当的人员前去迎接。接站时，迎接人员应留足途中时间，提前到达机场或车站，以免因迟到而失礼。

场景示范

A：李女士，您将什么时候到达本城？

B：我将乘上午 9：30 的飞机到达。办公室离机场有多远？

A：只有 40 分钟左右的路程。我们会派人接您。再确认一下：星期三，20 号，上午 9：30？

B：对。我会在行李区等着。

运送行李要主动

接待客户要主动问候客户行李是否随身携带，如果有托运的行李，要主动帮助客户办理提取手续，并为客户提行李包。需要注意的是，客户的公文包和手提包有可能装有重要的或私人性物品，应由客户自己携带。

引导客户请注意

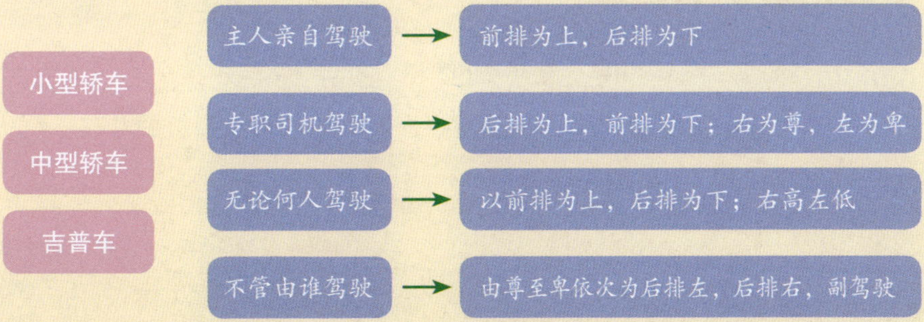

坐车礼仪表

送至住所要周到

客户到达后，公关人员应将其送往住所，到达住所后，帮助客户办理好住宿登记手续，并陪同客户进入房间，一切安排妥当后，要及时告辞，不宜久留，以免影响客户休息。离开前，要告诉客户自己的联系方法，将活动日程安排告诉客户，约好下次见面的时间和地点。

More

关注客户的需求

客户的需求主要包括三方面：首先是信息需求，需向客户提供相应信息；其次是环境需求，如：天热时，客户希望住宿环境很凉爽；最后是情感需求，客户也有被赞赏、同情、尊重等各方面的情感需求。满足客户的情感需求难度相对比较大，这就需要服务代表有敏锐的洞察力，能够观察到客户的这些需求并尽力满足。

◆送别客户的礼仪

客户来时，以礼相迎，客户告辞时，还应当以礼相送，使整个接待工作要有头有尾。在与客户交往过程中，送别的礼仪与迎接的礼仪一样，不容忽视。留给客户一个良好的印象，对于以后双方的交往与合作都有益处。

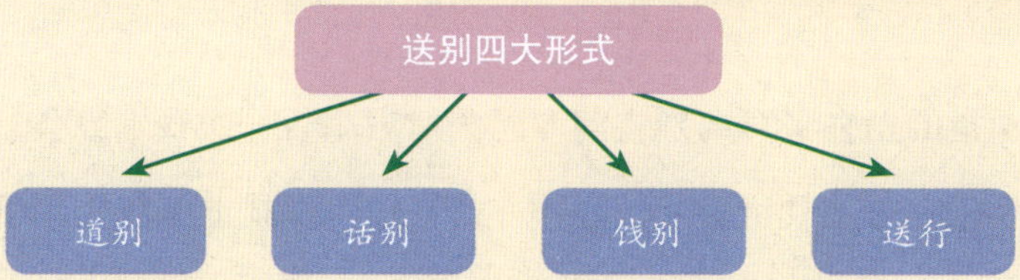

最为常见的送别形式

道别

道别一般是由来宾先提出，当客户准备告辞的时候，主人把握四大原则：一是真诚的挽留；二是起身在后；三是伸手在后；四是相送一程。道别的常用语是“一帆风顺”“多多保重”等礼貌语。

话别

与来宾话别的时候，一要讲究主随客便；二要注意预先相告。最佳的话别时间是来宾临时下榻的地方，话别的主要内容有：表达惜别之意；听取来宾的意见或建议；了解来宾有无需要帮忙之事；向来宾赠送纪念性礼品。

Easy-going

送别时刻，有时还包含赠送礼物这一重要礼仪环节。最好的方法就是将来宾来访期间的活动照片精选汇集成图文相册，在送别时作为礼品送给来宾，对方将会深受感动。这种礼品既表达了接待方对客户的友好与尊重，又具备纪念意义、符合礼仪规矩。

饯别

饯别指的是在来宾离别之前专门为对方举行一次饯别宴会，宴会内容应参考客户的需求和禁忌。这种方式不仅在形式上显得热闹而隆重，而且会让对方产生备受重视的感觉，有利于加深彼此之间的友谊与交流，为以后的合作铺下一座友谊的桥梁。

送行

送行指在来宾离开时，特地委派专人前往来宾的返还地点进行送别，通常是在机场、码头、火车站、长途汽车站等处。在礼仪上有一些需要注意的要求，比如：要与来宾友好地交谈；要与来宾亲切地握手告别；要向来宾虔诚地挥手敬意；要耐心等候来宾离去，然后自己再离开此地。

More

送客时的注意事项

如果是将客户送至门口，应在客户的身影完全消失后再返回。同时，送客返身进屋后，应将房门轻轻关上，不要使其发出声响，否则是极不礼貌的。

如果是送客至车站、码头，则最好是等车船开动并消失在视线范围之后再返回，送客至机场，应待客户通过安检处之后再返回。如果你有很特殊的原因不得不提前返回，也应详细向客户说明理由，否则，都是失礼的。

名片上也有礼

名片，是一个人身份与地位的直接象征；是一个人尊严与价值的外部表现方式；也是使用名片的人获取社会认同、社会理解与社会尊重的重要手段。正是名片自身的重要意义和非凡价值，在递送、接收、保管名片的时候，公关人员不可随随便便，而是要格外重视其礼仪效应。

Easy-going

递送名片时，应用双手拇指和食指执名片两角，让文字正面朝向对方。接名片时要用双手，并认真看一遍上面的内容。通常情况下，名片上印有公司名称、头衔、联络电话、地址等，有的还印有个人的照片。通过递送名片可以使对方认识你、了解你，并联系你。所以，有人把名片称作另一种形式的身份证，它还是工作人员所在公司的形象缩影。

递送名片需要双手，接受名片也需要双手。

◆携带名片有讲究

公关人员最好准备一个精致的名片夹，名片夹最好放在西装的左胸内侧口袋里，因为左胸是心脏的所在地，将名片放在此处是对客户的一种礼貌和尊重。不穿西装时，名片夹可放于自己随身携带的小手提包里，如果将名片放置于后侧裤袋里，则是一种很失礼的行为。

Easy-going

值得注意的是，有的职员在一次公关活动中需要接受很多的名片，因此，最好将客户的名片夹在一处，将自己的名片夹在另一处，否则，一旦慌乱中误将客户的名片当作自己的名片送给对方，也是一种有失礼仪的行为。

◆递送名片时的礼节

向客户递送名片时，应面带微笑，注视对方，将名片正对着对方，用双手的拇指和食指分别持握名片上端的两角送给对方。如果是坐着的，应当起立或欠身递送，递送时可以说一些："这是我的名片，请笑纳""这是我的名片，请您收下"之类的礼貌用语。

- 原则1 → 地位低的人先向地位高的人递名片
- 原则2 → 男性先向女性递名片
- 原则3 → 当对方不止一人时，应先将名片递给职务较高或年龄较大者
- 原则4 → 分不清职务和年龄时，可先和自己对面左侧方的人交换名片

递送先后四原则

◆ 接收名片有学问

接收客户递过来的名片时，应尽快起身或欠身，面带微笑，用双手的拇指和食指接住名片的下方两角，并视情况说："谢谢""能得到您的名片，真是十分荣幸"等。名片接到手后，应十分珍惜，认真看一下，切不可在手中摆弄，千万不要随意放在桌上，或随便拎在手上，或者放在手中搓来揉去，应放在西服左胸的内衣袋或名片夹里，以示对客户的尊重。

Easy-going

当对方递给你名片之后，如果自己没有名片或没带名片，应当首先对对方表示歉意，再如实说明理由。如，"很抱歉，我没有名片""对不起，今天我带的名片用完了，过几天我会亲自寄一张给您的"。

谈判桌上的礼仪

在商务公关活动中，谈判会又称洽谈会、磋商会。有关方面的谈判代表通常要在谈判中充分阐述自己这一方的各种设想，然后听取对方谈判代表的不同意见，并通过详细陈述自己这一方的理由，反复同对方交换看法与结果，或者适当的时候作出某种让步，以使双方的意见和决定趋于统一，缩短彼此之间的距离，最后达成一致的决议。

Easy-going

公关谈判是一个艰苦的讨价还价过程。从公关的角度来看，双方的谈判代表既要有自己的底线，以免自身利益受损，又要互相之间和谐共处、协调关系，从而达成一致的协议，避免与对方成为商业仇敌。谈判人士若要做到这些，除了要有渊博的知识、机智的头脑、高度的谈判技巧之外，还应该拥有周到的公关礼仪。

◆谈判形象要得体

经验表明，一个人的谈判形象影响对方对你的态度与定位，你的谈判形象在告诉对方应怎样对待你，当然，你也会在不知不觉中根据对手的形象来决定和调整自己的谈判技巧与态度。良好的谈判形象是取得对方信任的必要前提，也是谈判得以深入并取得成效的基本条件。在谈判时设计好自己的形象，你就可以无往不胜。

衣着打扮与谈判性质
衣着打扮与谈判性质一致
如果是正式谈判，应当穿得正式一些，以体现出对谈判的重视和自己已有充分的准备 如果是非正式谈判，衣着不必太呆板拘谨，可以随便些，给人轻松的感觉
衣着打扮与谈判环境
衣着打扮与谈判环境一致
到豪华宾馆去谈判，穿上西装革履能够证明你的身份和气度 在普通的办公场所谈判，穿得应和平时上班差不多，不用刻意打扮

More

谈判时忌穿全新衣服

谈判时最好不要穿全新的衣服，因为刻意的打扮有时会让你自己感到不服帖或不自然，专门的破费有时会让你感到隐隐约约的紧张与失落，这一切都可能会让对方看出你的拘谨和怯场。然而，如果你穿上已经穿过几次的新衣，不仅个人不会有不适与不安的感受，而且不容易引起对方的对你衣着的特别注意，从而让你更加从容地进入谈判程序。

◆谈判语言要适中

适中语言八要点
倾听对方的意见，给予充分的解释
持有反对意见时，要多用迂回策略对付
接话之前，先把别人说话的要点复述一遍
当对方不愿意回答时，暂时丢开这个话题
不把查问变成审问或责问，避免对方反感
遣词造句要斟酌，以免引起对方误解
对方不了解时，要以浅显易懂的语言进行解释
有些问题不便回答，可以婉言说明，避免僵局

◆谈判安排要恰当

谈判安排五要素
选定谈判地点 环境要安静，以免人员走动、进出、嗓音等因素的打扰
提前排好座位 两方代表相对而坐，各方代表位子的中间安排己方的其他人员
考虑说话顺序 提前设计好谁先讲，谁接着讲；先讲什么问题，后讲什么问题
即时安排休息 谈判中途要安排休息时间，包括：商量事情、上厕所、倒茶的时间等
预留吃饭时间 到了吃饭时间还有遗漏问题，应不慌不忙，吃了饭再来

◆谈判气氛要友好

谈判双方都要衣着得体、表情友好。

谈判时刻，需要创造一个友好的气氛，使谈判双方在友好协商的气氛中交谈，本着真诚、和谐、双赢、轻松、愉悦、沉稳、友好的宗旨，彼此之间建立信任关系，消除互相之间的提防心理，推动公关谈判的顺利进行。

首先，友好的谈判气氛，依赖于轻松的环境与和谐的氛围。我们可以先用愉悦的语言和得体的语音，彼此之间向对方进行自我介绍，然后谈一些彼此都感兴趣的话题，使互相之间先产生友好融洽的初步印象，然后再自然而然地进入谈判的正题。

其次，友好的谈判气氛，依赖于柔和的语调和亲切的表情。我们可以音量中等，语速稍慢，面部露出自然而亲切的微笑，让对方感觉到我们的轻松状态和友好态度。

最后，友好的谈判气氛，依赖于幽默和友好的调侃。如果谈判时间过长，双方有些疲劳与乏味；抑或谈判处于高潮，双方高度紧张或情绪失控；抑或谈判陷入僵局，双方感到压抑与糟糕。此时，我们可以讲几句诙谐幽默的话，使不和谐的谈判变得轻松、愉悦一些。

庆祝典礼重在礼

在职场公关领域，经常会遇到一些庆典活动，可以为庆祝某项工程的完成而召开，也可以为庆祝某项工作取得显著成功召开，还可以为纪念某个节日或纪念日召开。庆祝典礼的特点是成员众多、场面热烈、规模颇大、气氛欢快。

◆庆典活动的内容与分类

职场庆典的四大类别
第一种：公司成立周年庆典 公司成立五周年、十周年以及它们的倍数时进行的庆典活动
第二种：公司获某项荣誉的庆典 公司因某些方面成绩卓著而荣获了荣誉称号之后举行的活动
第三种：公司取得重大业绩的庆典 公司因取得某些来之不易的成绩与成就而举行的庆祝活动
第四种：公司取得显著发展的庆典 公司因扩展规模或发展新的合作伙伴而举行的庆祝活动

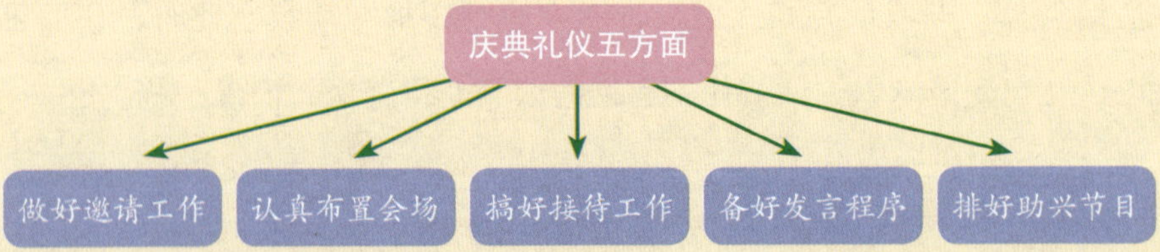

◆庆祝典礼的一般礼仪

做好邀请工作

通常情况下，庆典活动邀请的来宾包括政府有关负责人、社区负责人、知名人士、同行代表、新闻记者、员工代表及公众代表等。邀请应郑重其事，使用印刷精美的请柬，并尽早发出去。

认真布置会场

庆典活动的会场要突出庆祝的气氛，可以挂横幅，插彩旗，张贴宣传标语。主席台前要摆放鲜花，台布要干净，平整，色彩要纯洁、热烈。会场大小与到会人数应相称。如果会场太大而到会人数太少，就会给人一种空空荡荡的冷清感，影响庆典活动的热烈效果；如果会场太小而到会人数太多，很多人只好站着，甚至十分拥挤，也会显得不妥当。

搞好接待工作

庆祝典礼的规模一般都较大，内宾外宾都有，会议组织者应当妥善做好迎送接待工作。当来宾莅临，应由专人引入来宾室或会场。上级部门的领导，应由主办单位负责人亲自迎送。庆典活动期间要准备好足够的茶水，以备与会者及来宾饮用。

备好发言程序

由于庆典活动场面热烈，主持者与发言者口齿一定要清楚，声音要洪亮，发音要标准，语句要娴熟，节奏要紧凑，语调要丰富，还可穿插宣读捷报、喜报、贺电、贺信等内容，当一个发言结束时，主持人要引导大家鼓掌，营造一种热烈欢快的喜庆气氛。

排好助兴节目

庆典活动当中可以安排一些助兴的项目，用于制造热烈喜庆的气氛，如在庆典开始前段可以安排敲锣打鼓、播放欢快乐曲、燃放鞭炮礼花等。会后可以安排与一些庆典内容及气氛风格一致的文艺类节目。

◆周年纪念庆典

一些社会效益、经济效益较好的单位，常常利用周年纪念日，尤其是5年或10年的大庆，来宣传本单位的成就，规划未来愿景，以鼓舞士气、凝聚人心、扩大影响。活动往往搞得轰轰烈烈，成就和规划往往激动人心，从上到下，从内到外，造成一种宣传攻势。

Easy-going

周年大庆一般都备有纪念册，通过文字、图片、图表等全面介绍该组织的情况、主要产品以及未来设想。这些资料都有助于树立企业形象，可作为纪念宣传礼物送给来宾和新闻媒介人员。

小故事

泸州老窖的精彩庆典

1987 年 9 月，四川泸州老窖酒厂生产的泸州老窖大曲酒荣获曼谷国际饮料食品展览会唯一金奖——金鹰杯奖。喜讯传来，员工欣喜若狂。以这一事件为契机，厂里精心策划，大搞一系列庆祝活动和宣传活动。

首先，他们组织了迎金奖大游行。游行队伍敲锣打鼓，到火车站迎接金鹰奖杯。此举轰动了整个泸州城。市民们争睹金奖，纷纷赞扬他们为泸州人民争了气，为国家争了光。其次，他们专门向省、市领导报喜，感谢支持与指导。为此，省政府马上发来了贺电；市政府专门召开全市大会给予其高度赞扬。再次，到首都人民大会堂召开庆祝大会，邀请全国人大和政协的领导人、一些部委的领导人以及首都各大新闻单位的记者到会同贺。会后，50 多家新闻媒介发了专稿，泸州老窖的大名传遍了全国。

More

庆典纪念品的筹备

在一些厂庆、校庆、报庆和商场、公司等有关庆祝典礼活动中，可专门制作有纪念意义的礼品发给来宾，如纪念章、印有本公司庆典活动字样的茶杯、毛巾、T 恤衫、提包等。还可以对该公司集体或个人取得的成就加以集中宣传，实物、文字图片、幻灯、录像等手段都可以加以利用，并派专人负责接待参观。

公关信函：要业务也要礼仪

公关信函在现代社会中运用广泛，它的种类很多，包括介绍信、证明信、邀请信、推荐信、商洽信、慰问信、祝贺信等。其礼仪主要表现在陈述情况的真实性和准确性，越真实的介绍或证明，越可以体现其高度的礼仪风范。同样的道理，如果所陈述的情况属于制造假象，或含混不清，就是一种失礼的表现。

◆介绍信

介绍信是某个特定的社会组织派人到有关单位了解情况、联系工作、参观各种社会活动的一种公文信函，其内容包括被介绍人的姓名与身份，跟随其访问的人数与活动目的，以及对受访单位的某些请求事宜。

杭州护宁（　　）总字 000108 号

单位或姓名：	人　数：
	日　期：
前往事由：	接洽单位：
	经办人：
	签发人：

介　绍　信

杭州护宁（　　）总字 000108 号

________：

兹介绍我公司　　　等　　同志

前往你处接洽　　　工作，

望予以协助为感。

此致

敬礼！

（盖章处）

年　月　日

有效期：截止　　年　月　日

杭州护宁（　　）总字 000108 号

单位或姓名：
前往事由：
人　数：
日　期：
接洽单位：
经办人：
签发人：

介　绍　信

杭州护宁（　　）总字 000108 号

________：

兹介绍我公司　　　等　　同志

前往你处接洽　　　工作，

望予以协助为感。

此致

敬礼！

（盖章处）

年　月　日

有效期：截止　　年　月　日

介绍信范本

◆证明信

证明信是某个社会组织为证明某人的身份、学历履历及其他事项的真实性而发布的公文信函。证明信的书写要细心、慎重，内容要准确无误，语言要明确、肯定，不得有涂改的地方，否则就是一种失礼行为。

证明信

××校办

兹证明××（单位）××（同志）因××（问题），需要有关部门协助办理。

特此证明。

××单位（盖章）

×年×月×日

证明信

××校办

兹证明××（单位）××（同志）因××（问题），需要有关部门协助办理。

特此证明。

××单位（盖章）

×年×月×日

证明信范本

◆邀请信

邀请信也称邀请函，是某些社会组织或团体邀请亲朋好友或知名人士参加某项活动时所发的一种社交信函，由标题、称谓、正文、落款组成。其内容一般比较简单，语言简洁明了，措辞恭敬谦虚，态度诚恳礼貌。

证明信范本

◆推荐信

推荐信是某个单位或个人介绍某个人担任某项职务或工作的信函，收信人一般是某个组织或单位，也可以是某个位高权重者。推荐信的内容要详细，还要实事求是，推荐的力度也要适中，不可强人所难。

推荐信

尊敬的贵单位领导：

兹有我院 ×× 专业的 ×× 学生去贵单位进行实习（专业实习或毕业实习），实习期为 × 年 × 月 × 日至 × 年 × 月 × 日。实习是我院教学工作的重要环节，是学生获得实践经验，适应社会的有效途径，学院高度重视学生的实习工作。为此，诚恳地希望贵单位给予大力支持和协助，使学生切实圆满完成实习任务。

衷心感谢贵单位对我院教学工作的大力支持。

此致

敬礼！

×× 学院 ×× 系（院）

×× 年 ×× 月 ××

推荐信范本

◆商洽信

商洽信是某些单位或个人间因业务关系而互相联系一种公文信函，其目的是书面商讨某一特定的问题，其内容要阐明这一问题的原因与目的、意见和计划，以及准确无误的数据与指标。写商洽信时注意态度要温和，不要咄咄逼人。

关于选派员工到 ×× 大学进修的商洽函

×× 大学校长：

我公司为了提高专业技术人员的业务水平和科研能力，拟定选派 ×× 去你大学进修英语和计算机，员工进修费用由公司支付，望你公司能协助。

特此函达，请复。

此致

敬礼！

××公司（印章）

××年××月××号

商洽信范本

◆慰问信

慰问信是某个单位或个人为了表示对某个人或某群人的关怀所使用的书信。其内容要表达亲切关怀之情。写慰问信时，语气要诚恳真切，文字要朴实真诚，给对方带去温暖，增强其克服困难的勇气和力量。

重阳节慰问信

尊敬的退休老同志们：

你们好！

金秋送爽，丹桂飘香，值此九九重阳节来临之际，谨向全辖的退休老同志们致以亲切的节日问候！今年的10月23日是中国传统的老人节，我们秉承优良的“敬老”传统，向你们致以崇高的敬意！

“莫道桑榆晚，为霞尚满天”。衷心希望全体退休老同志们活到老，学到老，与时俱进，老有所为；更期盼您一如既往地关心、支持信合事业的发展。

最后，祝全体退休老干部节日快乐，身体健康，全家幸福，万事如意！

慰问信范本

◆祝贺信

祝贺信是某个单位在公关活动中对某组织的重大成就或某个重要人物的任职或寿辰表示祝贺之意的公文书信。祝贺信的内容要实事求是，感情要充沛饱满，不要追求过分华丽的辞藻，而是要注重彼此的心灵沟通。此外，贺信可直接寄给对方，也可以在报纸上刊登或电台上广播。

祝贺信

××会计学会：

获悉你会经过充分筹备，现已正式成立了。这是我市会计界的一件大喜事。我们谨向你会致以衷心的祝贺！

××会计学会的成立，标志着我市财会战线在社会主义市场经济中起到了推动作用。敬祝你会在今后对提高我市会计科学研究水平，促进与西方会计接轨诸项工作做出更多的贡献。

此致

敬礼

市教育学会

×年×月×日

祝贺信范本

台面上的公关：赠送礼品

在职场人际与公关交际中，虽然维系一段美好的关系靠的不完全是物质手段，但是，一定的物品相赠也是必不可少的礼仪程序。人与人之间互相赠送的物品就是我们常说的礼品，它是情感的象征或关系的媒介。送礼要讲究恰到好处，恰如其分，可以根据不同的场合与对象，选择合适的礼物，这是赠送礼品的基本礼仪要求。

送礼之前要三思
第一思 搞清赠礼对象的相关情况 一根拐杖送给老年人最恰当，送给妙龄少女很滑稽
第二思 搞清赠送礼物的场合性质 一个大蛋糕庆贺对方生日最正宗，庆贺高升不合适
第三思 掌握有关赠礼的各种禁忌 中国人忌送“钟”，日本人忌与“4”和“9”有关的东西

◆礼品的选择

礼品有雅俗贵贱之分，不同的国家与民族，雅俗贵贱评判标准也有差异。在我国传统的交际活动中，礼品的雅俗贵贱的衡量标准通常是礼品本身的商品价值及实用价值，因此我们常常互赠一些实用性强的礼品，如食物、点心、水果、衣服等。在西方一些国家，雅俗贵贱的衡量尺度则是礼品本身的艺术价值及精神价值，因此他们常常互赠一些鲜花、首饰、书籍、艺术品等。

职场中的我们在选择礼品上是有规律可循的。比如，你刚从外地旅游归来，可以为同事送上一些价格不贵但新奇独特的纪念品；遇到同事结婚，可以送床上用品、餐具、茶具、陈设品等礼品；如果到有孩子的同事家作客或参加聚会，可以带上一些玩具、文具、糖果等礼品。

探病送礼有学问
不同病，不同礼
对心血管病患者宜送新鲜水果或果汁
对胃肠道病患者宜送藕粉、麦乳精
对呼吸道疾病患者宜送梨、核桃、银耳
对肝炎患者宜送大枣、蜂乳、白糖
对糖尿病患者宜送鸡蛋、肉松、奶制品
对贫血及产妇宜送鲜虾、鸡蛋、豆奶制品
对肿瘤患者宜送香菇、竹笋、人参、水果

More

价格标签

在商店里选好礼品后，应检查一下上面有没有价格标签。如果有价格标签，应该将标签取下或换一件没有标签的商品。因为在许多场合，价格标签都会给送礼带来不好的情感和礼仪效应。例如，当你的礼品价格高于其他人赠送物品的价格时，也许你的赠送对象很高兴，但其他赠送人往往会比较反感；当你以为选了一件质好价高的礼品，满怀欣喜送给对方时，却发现其他人的礼品价格远远高于你的礼品价格，你就会产生寒酸与羞涩的感觉，遭遇自己给自己设置的尴尬场面。

◆礼品的包装

送礼前的最后一道必要的工序是对礼品进行包装，包装可以自己进行，也可以去礼品包装店，请专业的店员代为包装。

包装礼品之前，最好挑选赠予对象喜欢的颜色。包装完毕后，再贴上写有自己祝词和签名的缎带或彩色卡片，表达自己对对方真诚的友情与诚挚的祝福。同时，这样做也有助于赠予对象在庆贺仪式后清点礼品，让其知道每一件礼品的赠送人。

包装礼品的好处多多。首先，可以明明白白地表达你的精心选择与诚心祝福；其次，可以使一件外表朴素的礼品显得美观大方，甚至具有独特的艺术效果；最后，精心的包装能使礼品的价格保持一点神秘感，不至于产生不必要的攀比与尴尬，这样更有利于人际交往。

◆礼品的赠送

向赠予对象呈送礼品的时机，一般在选在刚刚相见时或分手道别时。送礼人应该站起身来，用双手捧着礼品，赠送对方，双目要注视着对方，一边送礼，一边说上几句祝福与问候的话语。如："祝您生日快乐，青春永驻！""祝二位百年好合，永浴爱河！""祝你一路顺风，请多保重！""恭贺乔迁之喜，区区薄礼，不成敬意，请您笑纳！"等。

More

送礼不宜藏掖，也不必显摆

有的人送礼喜欢藏着掖着，不直接将礼品呈送赠予对象，而是将礼品藏于桌椅下边，或其他角落里，这是一种有失体面的行为，也是一种极不礼貌的态度；有的人送礼喜欢炫耀显摆，急于表达自己的诚意真情，在赠予对象面前过多地说明礼品如何如何贵重与稀奇，让人觉得俗气，也是一种失礼行为。

私底下的寒暄：维护关系

寒暄不仅是人际交往中必不可少的客套话，而且是交谈之前的情绪铺垫与情感基石。寒暄中常用的语言即敬语，它不仅能够表现交谈者的修养、学识与风度，还可以促进交谈的友好进行与有效发展。

◆私下寒暄温暖人心

寒暄可以说是交谈程序中的第一礼仪阶段，它的主要目的是为即将到来的正式交谈打下感情基础，一来可以让陌生的双方不再陌生，二来可以让熟悉的双方感情递进，从而引出交谈双方或多方之间即将展开的正式话题。因此，有人称寒暄是人际关系发生、发展与优化的起跑线。

寒暄语的内容		
与吃喝拉撒睡有关	与对方的活动有关	与夸耀对方有关
您吃了吗？ 您吃好了？ 还没歇着呢？	您上班去呀？ 您正在吃饭呢？ 您出去呀？	你穿这身衣服显得特别英俊。 你今天的彩妆真漂亮。
随便说点题外话	关注对方的生活	
这天可真好！ 电影院里空气真差。	好久不见，你最近怎样？ 你走以后，我们好想你哟。 来这里多长时间啦？还住得惯吗？ 好久没来了，你觉得我们这里有什么变化？	

当然，寒暄也要适可而止，因为只有适度的寒暄才能引起交际双方的交谈兴趣与欲望，从而活跃交谈气氛，使交谈友好地发展下去。

More

不同地方使用不同的寒暄语

如果你去一家公司谈业务，当你进入一间装潢精美、设备齐全的高档写字楼的时候，可以这样寒暄：“你们的办公室真是金碧辉煌、雅俗共赏、艺术高雅、舒适典雅。”这样，办公室内的职员也许会很兴奋。但是，如果你进入一间装修简陋的破旧办公室的时候，也这样寒暄：“你们的办公室真是金碧辉煌、雅俗共赏、艺术高雅、舒适典雅。”在里面办公的职员会以为你是刻意挖苦，因而对你产生反感，这必然会影响到你的业务。

◆常用敬语显露修养

美国前哈佛大学校长伊立特曾经说过：“在造就一个有教养的人的教育中，有一种训练必不可少，那就是——优美、高雅的谈吐。”敬语是优美高雅谈吐的重要组成部分，是尊重他人与尊重自己相统一的重要手段，也是展示谈话态度与谈判魅力的基本前提与要素。

Easy-going

使用敬语，一定要注意交谈的对象、场合，要懂得根据不同的场合与情境，针对不同的对象来灵活处理。既要尊重传统礼仪规范，做到彬彬有礼，又要不落俗套，有些新意与变通，这样才能形成交谈者之间的亲切友好气氛。

常用敬语的使用场合	
相见道好	托事道请
彼此相见时，开口问候："您好！"表示尊重、亲切、友好。	有求于他人时，冠以请字，会赢得对方理解、支持与关照。
偏劳道谢	失礼致歉
在对方给予帮助、关照、夸奖之后，由衷道声："谢谢！"	失礼于人时，真诚地说声："对不起！"化干戈为玉帛。

公关场合的敬语列举		
初次见面："久仰"	很久未见："久违"	等候客人："恭候"
请人勿送："留步"	陪伴朋友："奉陪"	中途先走："失陪"
请人批评："指教"	求人原谅："包涵"	请给方便："借光"
求人指教："赐教"	向人道贺："恭喜"	看望别人："拜访"
宾客来访："光临"	赞赏见解："高见"	欢迎消费："光顾"
老人年岁："高寿"	小姐年龄："芳龄"	

登门拜访与探病礼仪

登门拜访是一门学问，拜访同事的效率和拜访客户的成功率与拜访礼仪之间有着千丝万缕的关系。试想一下，如果登门拜访的时候，连最简单的职场礼仪都不懂，那这次拜访还有成功的希望吗？此外，登门看望病人更是一门交际艺术。当你的同事或客户患病时，前往探望是人之常情，登门慰问也是必要的礼仪。

◆拜访客户的基本礼仪

登门拜访时，一定要尊重对方、遵守礼节，不能在对方面前表现得随随便便，一定要按照以下基本礼节去登门拜访。

首先，与对方提前预约拜访时间。在与对方约定时间时，要以对方的时间为准，要在对方方便的时候进行登门拜访，这样可以充分体现出你对对方的尊重之情。

其次，将资料及名片准备妥当。如果在这些需要确认的问题上出了差错，客户就会对你的工作能力和效率产生怀疑。

再次，拜访之前注意修饰自己的仪容形象。仪容要典雅端庄，衣着要得体大方，要表现出良好的精神风貌。

又次，遵守约定的时间，不要迟到。如果约定的时间是 10 点，你最好能在 9：50 就到达，提前 10 分钟，用来搭电梯或走楼梯、整理服装仪容。

最后，注意谈话要谦恭有礼。如果你的讲话有礼节、讲礼貌、符合礼仪，让对方听得很舒服，那么你们的谈话将是成功且愉悦的。

Easy-going

去办公室拜访客户需要选择以下合适的时间：对方心情很好的时候；对方的时间充足的时候。避开刚刚上班、中午休息或下班之前的特殊敏感时刻。你前去拜访的一个最佳时段就是对方工作告一段落的时间，因为对方在这个时段中比较放松，通常可以坐下来与你促膝长谈、充分交流。

◆探望慰问基本礼仪

人生在世，难免碰上生、老、病、死的特殊时刻，其中的“病”则是每个人的一生中反反复复经历的桥段，因此，探访住院的同事、同仁或客户等，也是职场人际交往的基本礼节，需要我们主动执行。可是有时候，我们在兼顾人情、给予关怀祝福之余，也要注意切不可干扰病人的休息和情绪，以免增加病人的精神负担，这是最基本的探病礼仪。

选择适当的探望时机

探望病人时应选择适当的时机，尽量避开病人休息和医疗时间。由于病人的饮食和睡眠比常人更重要，所以不宜在病人吃饭或休息时前往

小故事

探病别随便送花

同事的母亲做手术，小袁送了一束香味很浓的花，结果病人咳嗽了大半天。医生说，这是花粉引起的呼吸道过敏，而且颜色太浓艳的花，会刺激病人的神经，引发病人的烦躁情绪。这次拜访让小袁感到十分尴尬与不安。因此，病人在住院期间，亲友最好不要送花，可适当送些水果以及营养品。

探视。如果是探望住院的病人，还应在医院规定的时间内前往。若病人正在休息，不要打扰，可稍后再去。

Easy-going

慰问病人的时候，在病房内逗留的时间要掌握好，与病人谈话的时间也需要控制在一刻钟之内，即便病人很热情，希望多谈一会儿，谈话时间也得控制在半小时之内，以免影响病人休息养病。同时，要学会选择良好的时机结束探望，不要打破病房的安静，不要影响其他病人的休息。

言行举止恰当适中

与病人谈话的时候，应该双眼柔和地看着病人，使病人感到你带来的是发自肺腑的、真真切切的慰藉。在谈话的内容上也要注意礼节，身体处于患病状态下的人，一般内心都很焦虑，因此，我们在探望过程中需要说一些安慰、鼓励、开导的话语，以增添病人战胜疾病的勇气和信心。我们关心病人的病情，不能从正面询问，而是应从侧面了解，如果病人自己不愿意提及，我们也要尽量回避，千万不能因问话不当而勾起病人的伤感。

◆家里探访的注意事项

家中探病温馨提示
最佳的探病时间是在下午或晚上
带一些优良读物，可以排解病人的忧虑
若病人家属在场，要与其打招呼，送上关怀
不要过分询问病情，勾起病人的担忧
可以介绍相同病症的乐观例子，安慰病人
神态不要故作哀伤沉重，以免让病人不安
不要停留太久，不要等到家属留你吃饭
告别时要向病人及家属打招呼，让其感受到温暖

◆医院探访必知什么

医院探病小贴士
探病前先了解医院规定的探病时间
不清楚病房号码的时候，可在柜台询问
衣着应素雅简单，应穿软垫低跟鞋，与医院氛围相融
进入病房之前先敲门，得到应允方可进入
病房内若有其他病人，应礼貌性地问候并致歉
不要当病人面与家属窃窃私语，以免病人怀疑
探病时间不超过半小时，除非病人要求作陪
与病人交谈，不要坐在床沿上，以免给病人压迫感
言行举止像往常一样，不要露出畏缩嫌弃的表情
二人以上进病房，应站在同一方向，避免病人左右兼顾

你可以不尴尬：致歉与催款

在职场人际交往中，如果我们的言行有失礼或不妥的地方，并且妨碍了别人的事情、打扰了别人的心情，给别人添了麻烦，那么，此时最得体、最明智的解决方法就是要向对方及时致歉，这样才可能扭转尴尬局面。在职场商务往来中，催款是一项必要的程序，这道程序执行起来往往会遭遇各种尴尬与不测，不管是电话催款、发催款单，还是上门催款，都得注意一定的礼仪，以减轻或消除尴尬场面的出现。虽然致歉和催款是职场人士经常遇到的棘手问题和尴尬瞬间，但只要注意良好的礼仪，就可迎刃而解。

◆致歉有门道，礼仪要知道

致歉的礼仪技巧
致歉宜及时 知道自己错了，马上就要道歉，拖得越久，就越会让人窝火
致歉宜大方 致歉应当大大方方，堂堂正正，不要遮遮掩掩，让人看不起
致歉语宜规范 愧对别人说“惭愧”；渴望得到原谅说“包涵”；有劳别人说“打扰”
致歉也可“物语” 如果有些致歉当面难以启齿，就可以写信或送花，借物表意效果佳

More

致歉并非万能

致歉并不是在所有的场合都可以解决问题，因此，不应该或不需要向别人致歉的时候，就不要向对方道歉。否则，对方有可能不领情，甚至还会得寸进尺，对你提出某些不合理的过分要求，让你一步步陷入更加为难的境地。即便是应该向别人致歉的时候，也要切记：致歉应不仅仅流于形式，更重要的是致歉之后的实际行动，并且要在以后的所作所为中改进和完善，切不可缺乏诚意、表里不一，言行相悖是非常失礼的行为。

◆催款有技巧，礼仪要知晓

电话催款的礼仪学问
选日子 每周的星期五是最好的电话催收吉日，其次是周四、周二
择吉时 催款的吉时是在对方刚开始上班的十五分钟之内，此时是债务人心情最好的时候
核金额 打电话之前，核对最新的档案数据，看看对方欠款的明细和准确金额
找对人 一定要找对人，如果债务人不在，不妨告诉接电话的人你的目的
说对话 礼貌招呼之后，应直接说明来意和应收款的数额，让对方有心理准备

小故事

一张特别的催款单

叶晓珊在一家外企做会计，她的桌子上总是堆满了各种催款单。催款单太多了，都是千篇一律地要钱，她常有不知该先付谁的好。有一次，她收到一张从巴西传真来的账单，一下子引起叶晓珊的注意：除了列明货物的价格、金额外，大面积的空白处写着一个大大的“SOS”，旁边还画了一个头像，头像正在滴着眼泪。这张不同寻常的账单把要账变成了一个富含人情味的小漫画，叶晓珊感动之余，立马安排了回款。

Easy-going

在催款的时候，如果对方是第一次与你公司合作的不确定客户，那么，请告诉对方，首次合作，信誉第一，我方如果有不周到的地方，请直接提出，以便我方改进，如果我方产品与服务都没问题，请贵方按照合同履行回款程序；如果对方是你公司的老客户，甚至是重点客户，催收时一定要谨慎、注意礼仪，要适时地表达你对客户真诚的关心与尊重，不要单纯为了收回旧款而恶语伤人，因小失大，毁了彼此之间多年来建立的商场情谊。对于老账、旧账、陈账，你可以做出一些让步，与对方共同商量出一份合理又可行的偿还方案，最好能落实到书面文字上，然后按照此份后补协议进行定期催款。

本章教你：

◇ 宴会着装讲礼仪

◇ 排座次有学问

◇ 点菜上菜有讲究

◇ 敬酒规矩不能乱

◇ 杯筷碗碟的使用规范

◇ 宴请老外，讲礼仪更得体

第5章

宴会礼仪，酒桌上的生意经

宴会就是一种在酒桌上实行的餐饮聚会，它是传统文化或习俗礼仪的产物。宴会的种类很多，可以根据不同的角色分成不同的类型，比如：从时间上来说，可以分为早宴、午宴、晚宴；从档次上来说，可以分为国宴、正式宴会、便宴、家宴等；从国籍上来说，可以分为中餐宴会、西餐宴会、中西合餐宴会等；从功能上来说，可以分为欢迎宴会、答谢宴会、饯行宴会等。

然而，无论是哪种宴会，都有同一种宗旨，那就是增进职场友谊，维护人际关系，保持愉快合作。因此，要求与会者学会一定的礼仪规范，将宴会的宗旨与后续影响发挥到极致。

排座次有学问

排座次是宴会开始时必须执行的一种礼仪，因为每张餐桌上的具体位次有主次尊卑之别，如果不遵循其中的礼仪规范，就会有失礼之嫌。通常情况下，主宾大都应当在主桌就座，并且面对正门而坐，其他人物的座次则要根据其与主人的远近来排列，越近处越尊贵，越远离越卑微。

◆中餐宴会的座次安排

第一步，主宾的位置要面对餐厅的正门，这里就是最尊贵的主位。如果有多位贵宾参加宴会，则可以根据贵宾的尊贵程度对座次进行交叉排列，距离主位越近的宾客，地位就越尊贵。第二步，排座次的传统原则是主宾居右，即其他的主宾要依次排列在第一主位的右侧。第三步，遵循好事成双的原则进行排列，也就是说，每张餐桌上的人数皆为双数，表示喜庆、吉祥。第四步，排好第一桌后，按照同样的礼仪原则来排列其他酒桌上的座次，记得要使各桌的方位保持同一个方向。

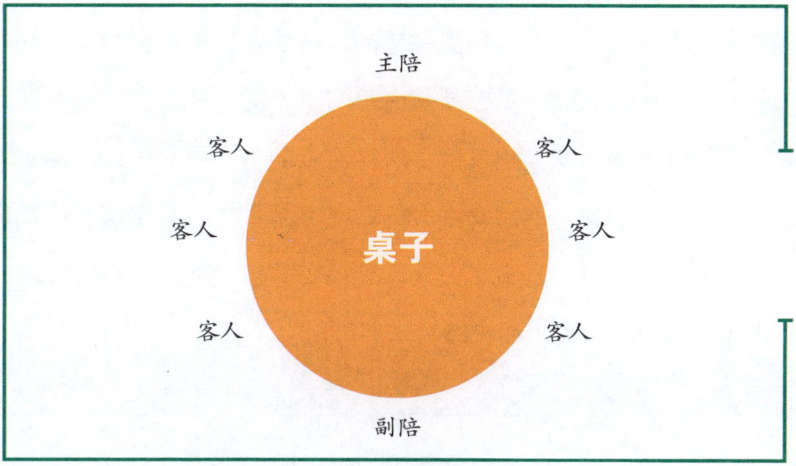

中餐宴会圆桌座次

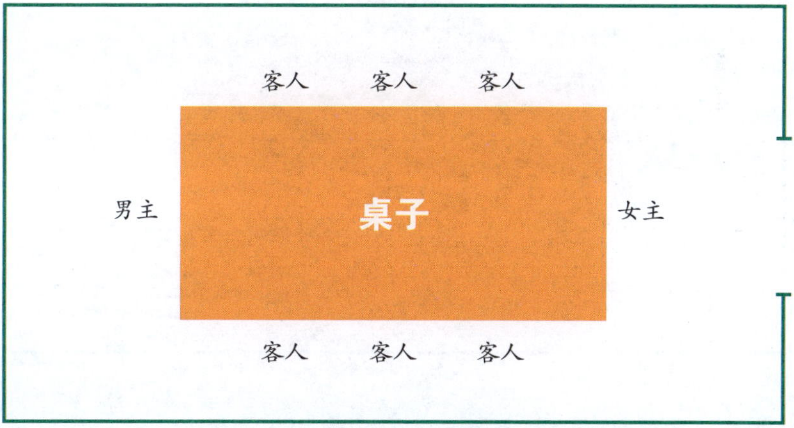

中餐宴会方桌座次

◆西餐宴会座次安排

按照国际惯例，西方国家的宴会中，桌次高低的衡量标准是由距离主桌的远近而定，越往右，桌次就越高，越往左，桌次就越低；在同一张餐桌上，座次高低的衡量标准是由距离主人的远近而定，越近处的座次越尊贵，越远处的座次越卑微。值得注意的是，男女可以穿插安排，但要以女主人的座位为准。女主人的右上方是主宾，主宾的右侧是翻译人员，男主人的右上方是主宾夫人。其他宾客依次而坐，也可以考虑到某些宾客之间的特殊关系而进行特殊照顾。

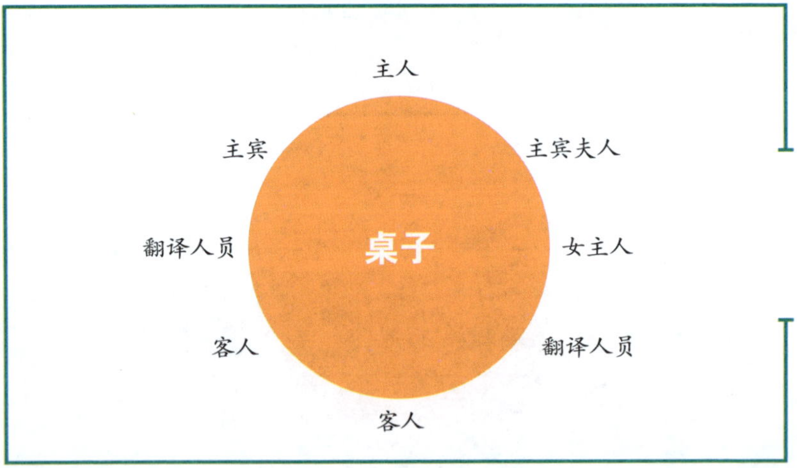

西式宴会座次的一种排法：男女主人相对而坐，主宾位于女主人的右上方。

点菜有讲究

如果你是赴宴的客人，切不可在点菜时太过主动，而是要先让主人来点菜。如果主人盛情要求你点菜，你可以点一个价格不是太贵，而且大家都不忌口的常规菜。记得在点菜之前征询一下桌上其他人的意见：“这道菜有没有人忌口？”或是“这道菜你们喜欢吃吗？”点菜后，如果大家都礼貌相让，让你自己拿主意，你还可以在点完后再请示一次：“我点了这道菜，不知道是否合几位的口味？”“我先点了这道菜，要不大家再看一下菜单，再点几道各自喜欢的菜肴？”这样的人才显得懂礼仪、有诚意。

◆宴会点菜的三个规则

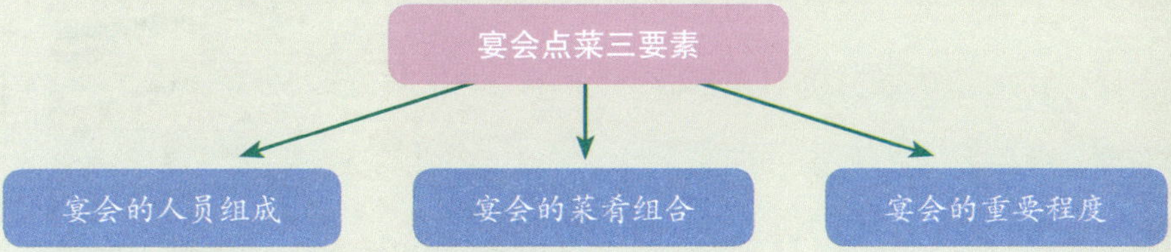

宴会点菜必须考虑的问题

人员组成

一般来说，人均一菜是比较通用的规则，如果是男士较多的餐会，可适当加量，因为男士的食量一般比较大。

菜肴组合

通常情况下，一桌菜最好做到全面，要有荤有素、有冷有热。如果桌上男士多，可多点些荤食，如果女士较多，则可多点几道清淡的美容养颜的蔬菜。

重要程度

如果是普通的商务宴会，平均一道菜的价格控制在 50 ~ 80 元即可。如果是比较隆重的宴会，或者宴请的对象是比较关键的人物，那么则要点上几个够分量的菜，如龙虾、鲍鱼、海参等昂贵的菜。

◆中餐宴会点菜的礼仪及忌讳

按照传统的规格，一场标准的中餐宴会，通常是先点冷盘，其次是热炒，接下来是主菜，随后是点心和汤，如果感觉吃得有点腻，可以再点一些餐后甜品，最后是果盘。在点菜过程中，要顾及各种菜肴所在的程序与顺序。

中餐宴会中的最后一道菜——果盘

食物五色俱全，营养更为全面
黑色食物补肾 黑木耳、黑芝麻、紫菜、海带、黑豆、黑米、核桃等。
红色食物养心 西红柿、西瓜、红豆、红辣椒、红枣、山楂、草莓等。
绿色食物养肝 菠菜、芥蓝、黄瓜、西兰花、丝瓜、芹菜、韭菜、青辣椒等。
黄色食物养脾 胡萝卜、南瓜、黄豆、牛蒡、薏米、韭黄、蛋黄、玉米等。
白色食物补肺 百合、杏仁、银耳、山药、白豆、豆腐、花菜、竹笋等。

◆西餐点菜的顺序

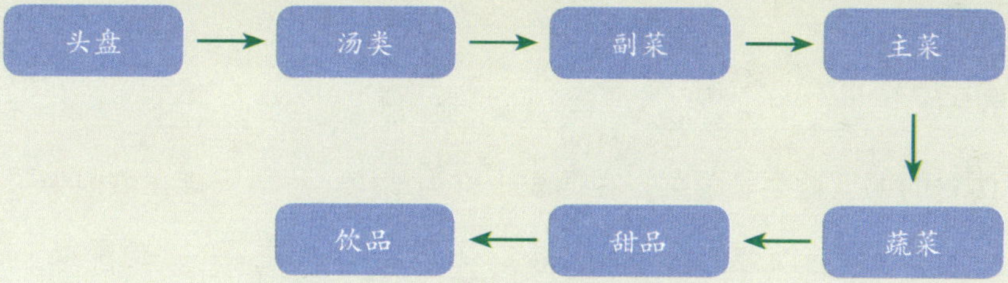

西餐七道菜

头盘

西餐的第一道菜是开胃菜，也称为头盘。头盘的内容一般分为冷头盘和热头盘，常见的品种有鱼子酱、鹅肝酱、熏鲑鱼、鸡尾杯、奶油鸡酥盒、焗蜗牛等。

汤类

西餐的第二道菜就是汤。西餐中的汤大致可分为四大类，它们是清汤、奶油汤、蔬菜汤和冷汤。前三者是热汤，最后一个是冷汤。热汤品种有牛尾清汤、各式奶油汤等，冷汤的品种有德式冷汤、俄式冷汤等。

副菜

西餐的第三道菜为鱼类菜肴，也称为副菜。品种包括各种淡、海水鱼类、贝类、软体动物类、蛋类、面包类、酥盒菜肴。

主菜

西餐的第四道菜是肉类和禽类菜肴，也称为主菜。它们的原料取自牛、羊、猪、小牛仔等各个部位，其中以牛肉或牛排最具有代表性。

蔬菜

西餐的第五道菜是蔬菜，在西餐中称为沙拉。一般安排在禽肉类菜肴之后，也可以与肉类菜肴同时上桌，所以可以算为主菜的一道配菜。

甜品

西餐的第六道菜是甜品，一般在主菜后食用。从真正意义上讲，甜品包括所有主菜后的食物，如煎饼、奶酪、布丁、水果、冰淇淋等甜食。

饮品

饮料是西餐的第七道菜，也是最后一道菜。西餐中的饮品通常是咖啡或茶。其中，咖啡要加糖和淡奶油，茶要加香桃片和糖。

西餐宴会中的丰富一角

More

商务公务宴会点菜的五大秘诀

第一，商务点菜中，菜量要适中，一般比客人数量多3～4个。第二，各种菜系要搭配好，清淡些，鱼是头等菜，蔬菜占¼，肉菜点一个即可。第三，有女士在场的话，要点一个百合或点心等甜点，以体现对女性的尊重。第四，注意某些菜的吃相，哪怕是极具营养的食品，如果吃相不雅观，最好不要点，不可让客人用手吃螃蟹，但可以上切开的螃蟹。第五，有关酒水问题，要当场与客人商量好，最好听从客人的意见。

敬酒规矩不能乱

谈起喝酒，职场人士可能都有过切身体会，酒文化也是一个既古老而又新鲜的公关话题。在现代人的职场交际过程中，酒的作用已经变得越来越重要了。的确，酒作为一种职场交际媒介，它在聚朋会友、迎宾送客、商务谈判、客户交流中发挥了独到的传递友情的作用。所以，探索一下酒桌上的礼仪奥妙，有助于你游刃职场、玩转事业。

酒桌上的八大规矩
规矩一：切不可一上酒桌就充老大
规矩二：上司相互喝完才轮到自己敬酒
规矩三：可以多敬一，不可一敬多，除非你是上司
规矩四：自己敬别人，如果碰杯，“我喝完，你随意”，方显大度
规矩五：自己职位卑微，记得多给上司添酒，不要随便给上司代酒
规矩六：如果没有特殊人物在场，碰酒最好按顺序进行，别厚此薄彼
规矩七：注意酒后不要失言，不要失态，不要吐沫横飞，筷子乱甩
规矩八：不管上司要你喝多少，自己先干为敬，双手举杯，杯子要低

小故事

醉酒之后的失态表现

张某和几个朋友约在一家名叫“一品豆腐”的酒店喝酒，其中的一位喝多了之后，硬是要赶到另一家酒店去会又一批酒友，大家拦不住他，只得放他去了。可没过多久，他又一脸灿烂地突然出现在大家面前，一边连声抱歉：“对不起，对不起，我刚刚喝了一顿，来晚了。”说着，一屁股坐了下来，冲着服务员喊道：“来啊，上菜！”后来，朋友们才知道，他离开之后，很利落地钻进了出租车，冲着司机大声说：“开路，去一品豆腐！结果，司机带他在街上溜了一圈，又把他送了回来。等他再次来到朋友们面前时，他已经辨认不出谁是谁了。

More

不能喝酒的请注意

准备工作：上座后先吃一些肥肉类、淀粉类食品垫底；桌前放两个大杯，一杯放白酒，一杯放矿泉水，到酒桌上主客基本都喝八分醉时，可以以水代酒，主动出击。

喝酒时分：干杯后，不要马上咽下去，找机会用餐巾抹嘴，把酒吐餐巾里；掌握节奏，不要一下子喝得太猛；不要几种酒混着喝，那样特别容易醉；喝到六分醉时，把你面前的醋碟中的醋喝下，再让服务员添上。

Easy-going

酒席开始的时候，主人往往先讲上几句话，然后便开始第一次敬酒仪式。这个时候，主人和宾客都要起立，主人先将杯中的酒一饮而尽，并将空酒杯口朝下，说明自己已经喝完了，以示对宾客的尊重，宾客也不能怠慢，一般也要喝完。需要提醒的是，在席间，主人往往还分别到其他各桌去敬酒。

劝酒五大关键词
文敬 有礼有节地劝客人饮酒
回敬 客人向主人敬酒
互敬 这是客人与客人之间的敬酒
代饮 本人不会饮酒，或饮酒太多，可请人代酒
罚酒 对酒席迟到者的“惩罚”，有时带点开玩笑的性质

◆敬酒步骤不能乱

在酒桌上饮酒时，在宾主入座后、用餐前，大家通常要讲一些祝愿和祝福类的话语，主人和主宾甚至还要发表一篇专门的祝酒词。有时候，大家在吃过主菜后、甜品上桌前，还会进行祝酒词仪式，祝酒词的内容越简短越切题就越有效果。

在饮酒过程中，主人或主宾，或者酒桌上的任何人，都可以提议让大家干杯。提议干杯的时候，要手拿酒杯起身站立，即使是滴酒不沾的人，也要拿起杯子做出饮酒的样子，将酒杯举到眼睛的高度，面带真诚的微笑，双眼看着其他人，特别是自己的祝酒对象，嘴里同时说着祝福的话语。说完“干杯”后，可以将酒一饮而尽，也可以喝下适量的酒。

More

五句经典敬酒词

第一句：天蓝蓝，海蓝蓝，一杯一杯往下传。

第二句：天上无云地下旱，刚才那杯不能算。

第三句：劝君更进一杯酒，走遍天下皆朋友。

第四句：山高流水觅知音，我与大哥酒连心。

第五句：少小离家老大归，这杯我与大姐陪。

◆日常用餐中的敬酒礼仪

中西餐里的礼仪必知点
中餐
让自己的酒杯低于对方的酒杯，表示对对方尊敬
用酒杯杯底轻碰桌面，也可以表示和对方碰杯
一般顺序为从自己开始按顺时针方向敬酒
特殊时刻以年龄大小、职位高低、宾主身份为先后顺序
有求于席上的某位客人，对他自然要倍加恭敬
有更高身份或年长的人，要先给尊长者敬酒
西餐
祝酒干杯只用香槟酒
只是敬酒不劝酒
只敬酒而不真正碰杯
不能越过身边的人而和其他人祝酒干杯

Easy-going

如果是因为生活习惯或者身体不适等原因而不能饮酒，则可以以水代酒、以茶代酒、以饮料代酒，或者委托你的亲朋、好友、下属、晚辈代喝。作为敬酒的人，应该充分体谅对方的习俗和客观原因，在对方以水代酒或请人代酒时，不要非让对方喝酒不可；也不应该好奇地打破砂锅问到底，对方没主动说明自己不喝酒的原因，就表示这是他的隐私，不可侵犯。

杯筷碗碟的使用规范

在一般情况下，宴会的餐具分为主餐具和辅助餐具两类。主餐具是指进餐时主要使用的必不可少的餐具，如：筷、勺、碗、盘等。辅助餐具指的是进餐时可有可无的餐具，如：水杯、牙签、湿巾等。

◆中餐餐具的使用礼仪

使用筷子的礼仪

模拟中餐宴会的餐具摆法

在中餐中，筷子是用餐时必不可少的餐具，筷子的主要功能是用餐时夹取食物和菜肴。使用筷子，首先要方法正确，一般应该用右手拿住筷子，用拇指、中指、食指三指的前部共同捏住筷子的前方三分之一处，即可开始夹菜。

筷子“四不”礼仪
不品尝筷子：不论筷子上是否残留着食物，都不要去舔它
不跨放筷子：不用筷子时，不要把它横放在碗盘上
不插放筷子：不用筷子时，尤其不可将其插放在食物之中
不要舞动筷子：与人交谈时，切不可以其敲击碗盘，或指点对方

使用勺子的礼仪

在用餐的时候，勺子的主要用途是舀取流质的食物、菜肴及羹汤。有的时候，也可以在用筷子取食的时候，用勺子加以辅助与配合。一般情况下用勺子舀取汤羹的时候，勺子内的汤汁不宜过满，免得溢出来弄脏餐桌或衣服。必要的时候，可以在舀取食物之后，在原处暂停片刻，等到汤汁不再往下滴的时候再移到自己的碗中。

勺子“四不”礼仪
暂且不用勺子时，应将其置于自己的食碟上，不要把它直接放在餐桌上
用勺子取食物后，应立即食用，不要再次把食物放回原处
若食物过烫，不可用勺子舀来舀去，也不要用嘴对它吹来吹去
食用时，不要把勺子完全放入口中，或反复吸吮它

使用碗的礼仪

领导端碗拿筷之前不应抢先动筷。吃饭时，应坐直身体，如需要端起碗，则用大拇指扣住碗口，用食指、中指、无名指扣碗底，手心空着。不要端碗伏在桌子上低头吃饭，不但吃相不雅，而且压迫胃部，影响消化。

使用盘碟的礼仪

在中餐里，盘子主要用来盛放菜肴或馒头等主食，其使用方面的讲究与碗大致相同。值得注意的是，餐桌上的盘子不宜多个放在一起。稍小一些的盘子，称为碟子，它的用途与盘子相似。还有一种特别的碟子，它的名字叫作食碟，用途较为特别，主要是用来暂时放置从公用菜盘里取出来供自己享用的那份菜肴的。

食碟“四不”礼仪
不要一次取放的菜肴过多，看起来烦乱不堪
不要将多种菜肴堆放在一起，也许它们会相克，互相串味
残渣、骨头、翅膀，不要吐在地上、桌上，应放置在盘子中
不要让残渣与菜肴交错，搞得杯盘狼藉

使用牙签的礼仪

在日常生活中，很多人都养成了饭后剔牙的习惯，于是牙签就成了必不可少的工具。然而，由于饭后人们多处于酒足饭饱，相谈甚欢的放松状态，往往容易忽略一些细微的礼仪习惯。而牙签使用不当，其实很容易给人留下不雅的印象。

牙签“六不”礼仪
取食物时不要用牙签扎取
用餐时，尽量不要当众剔牙
非剔不可时，应以另一只手掩住口部，切勿大张口
剔出来的东西切勿当众欣赏，或再次放入口中
剔出来的东西不要随手乱弹，随口乱吐
剔牙之后，不要长时间叼着牙签

◆西餐餐具的使用礼仪

在西餐中，要按刀叉顺序由外向里取用食物与菜肴。这些餐具包括：刀、叉、匙、盘、杯、餐巾等，其中以刀、叉、匙三大件最为常用。在刀叉的使用礼仪中，欧洲国家与美洲国家有一定差异。比如：欧洲人使用刀叉时不换手，切割与送食皆用左手；美国人使用刀叉时换手，切割用左手，送食用右手。

模拟西餐宴会的餐具摆法

刀叉匙盘碗的十五大法
用刀叉切食物时，每次切一片或一块，不能同时全部切细
每道菜吃完后，将刀叉并拢平排放在盘内，以示吃完
如未吃完，则将刀叉摆成八字或交叉摆放，刀口向内
黄油用刀切，其放在碟或盘的左角
糖、酱、肉汁等流体汁酱，可以直接浇在食物上
放在公盘内的配料，用时应取放在自己的盘内
切菜时，注意不要用力过猛，撞击盘子而发出声音
不容易上叉的食品可以用刀把它轻轻推上叉
切硬壳的肉食，叉子一定要把肉叉牢，刀紧贴在叉边切，以免滑开
汤用深盘或小碗盛放
喝汤时用汤匙由内往外舀起送入嘴，即将喝尽可将盘向外略托起，但不能端起来
汤匙可以入口，但喝完后应放在盘中间，匙柄放在右边，匙心向上，与桌边平行
吃带有腥味或怪味的食品均配有柠檬，可用手将汁挤出滴在食品上，以去腥味
吃鸡、龙虾时，经主人示意，可以用手撕开吃，也可用刀叉切成小块
可以用手取食面包、饼干或小粒水果、薯片。面包应撕成小片，涂料后入口

本章教你：

◇ 新时代的沟通方式有哪些

◇ 接打电话的基本礼仪

◇ 投诉时刻，保持良性沟通

◇ 短信沟通中的礼仪

◇ 邮件往来中的礼仪

……

第6章

网电礼仪，不见面更要有礼

在真实世界中，人与人之间的交流活动有着琳琅满目的约定礼仪，在互联网虚拟世界中也是如此，有很多网络礼仪。网络礼仪不可忽视，否则就可能会引发网上骂战等不良事件，对当事人，甚至其他网友造成一种不愉快的经历。

在现实生活中，电话被人们公认为一种极其便利的通信工具，电话礼仪成为人们生活与工作中必不可少的常用礼仪。掌握正确的电话礼仪是非常必要的，如果你掌握不了其中的奥秘，就会给电话那头的他（她）带去不友好的坏印象。

新时代的沟通方式

当今社会中，随着信息时代的突飞猛进，信息传播的方式和手段也越来越繁多，人们的沟通工具也越来越先进，从最初的飞鸽传书、邮局书信，到后来的手机电话、短信，再到后来的互联网邮件，一直到现在的电脑微博、手机 QQ、飞信、微信等，这些让职场中的同事、朋友、客户之间的交流变得越来越快捷。

◆短信与微信

如果说 QQ、飞信等即时通信手段有利于聊天业务的发展，是手机短信的一个分支，那么微信的快速发展，则是短信的一个致命力敌。因为在即时聊天与交流沟通方面，微信已经遥遥领先，并逐渐取代了短信的位置。

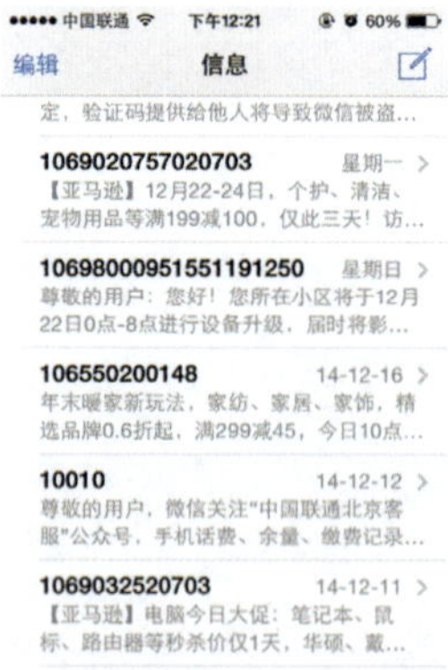

手机短信界面

手机微信界面

微信为什么比短信“牛”
从价格来看
微信使用流量 1 元钱的资费，就可发送、接收上千条文字小消息 手机短信或彩信收费为 0.1 元，但只可以发一条信息
从功能来看
微信可以即时发送文字、语音、图片和视频 短信和彩信则只能发送文字和图片

◆网络沟通的类型

网络沟通的前提就是虚拟的网络世界，人们通过计算机网络的信息技术，也就是我们常说的 IT 技术来实现人与人之间的信息沟通。网络沟通过程是人与人之间思想、观念、态度、情感的交流与互通过程，是人与人之间情报互换的通信过程。

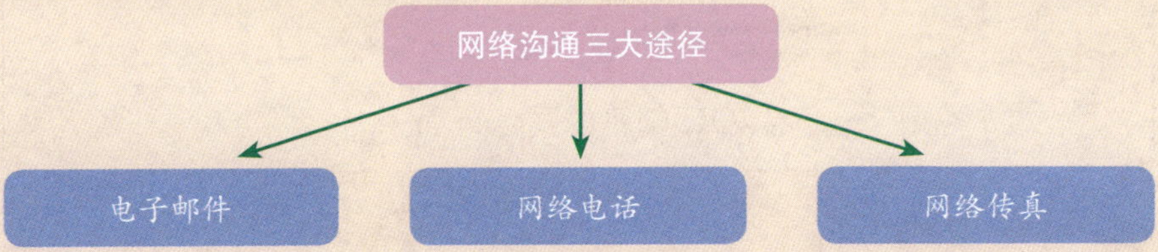

网络沟通的分类

电子邮件

电子邮件的英文是 Electronic Mail，简称为 E-mail，标志为 @，也就是我们大家口中“伊妹儿”。网络用户通常只需要负担电话费和网费，利用电子邮箱的发信功能写信给素未谋面的网友，可以用非常低廉的价格在几秒钟之内与世界上任何一个角落的陌生网友取得联系，这些电子邮件的内容可以是文字、图像、声音等各种方式。同时，网络用户可以通过电子邮件的收件箱获得大量免费的新闻和专题邮件，从而轻松愉快地增长知识、了解时事、开阔眼界。

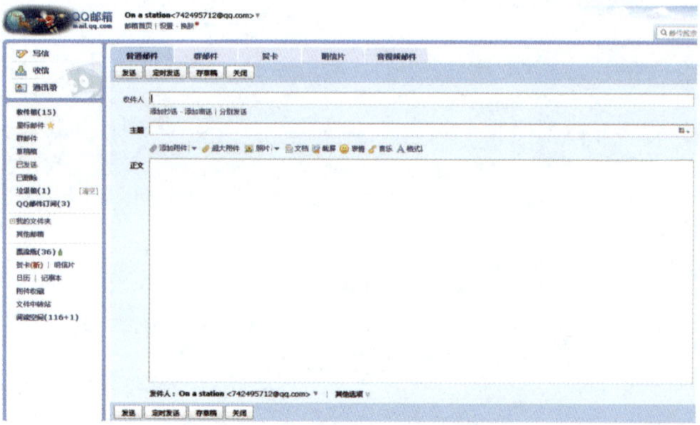

QQ 邮箱的写信页面

网络电话

网络电话的英文是 Internet Phone，简称为 IP，它是按照信息产业部门的相关规定，通过电脑将电话拨到全世界任何国家的任何普通电话机上。无论你在世界的哪个角落，都可以用最低的资费，用自己的电脑拨打全世界的固定电话、小灵通和手机。

网络传真

网络传真也称电子传真，其英文是 Internet Facsimile，简称为 efax，是将传统电信线路与软交换技术相融合的结果。它的工作原理是先通过互联网将文件传送到传真服务器上，再由服务器转换成传真机接收的通用图形格式，然后通过 PSTN 发送到全球各地的任何一台普通传真机或电子传真号码上，在此过程中，不需要购买任何高科技传真通信产品。

网络传真机

More

网络沟通的优势和弊端

网络沟通的优势：第一，大大降低了沟通成本；第二，使语音沟通立体直观化；第三，极大缩小了信息存贮空间；第四，使工作便利化；第五，跨平台，容易集成。

网络沟通的弊端：第一，沟通信息呈超负荷状态；第二，口头沟通受到极大的限制；第三，纵向沟通弱化，横向沟通扩张。

接打电话的基本礼仪

电话是人们利用电流进行两地交谈的通信装置，是现代社会组织或个人对外展现自己形象的窗口。电话礼仪探讨的是打电话前的准备和如何打电话、如何接电话的基本礼仪知识与规范，掌握了良好的电话礼仪可以帮助社会组织或个人赢得公众美誉。

◆先思考，再打电话

打电话的目的很多，有时表示问候，有时通知事情，有时洽谈业务，有时偏劳于人，等等。当你在拿起电话筒之前，应该有一个认真思考的过程，简单的问题有一个腹稿即可，复杂的事情要先列个提纲。否则，如果电话接通后再边想边说，就难免会造成结结巴巴甚至词不达意的尴尬局面。这不仅有失自己的体面，还让对方感觉你不懂礼仪。

你需要思考的问题
接通电话后，如果要找的人不在，你该怎么办？
如果正好是要找的人，该怎样问候？
如何恰到好处地阐述自己的观点或请求？
当你的要求被拒绝了，你该怎么办？

◆重要的第一声

当我们给某公司打电话，如果电话一接通，就能听到对方甜美的声音和亲切的招呼，心里一定会很愉快，从而对该公司产生较好的印象，这也是双方对话顺利展开的必要前提。同样的道理，只要我们在电话中稍微注意一下自己的语言，就会给电话那头的人留下美好的印象。当你说“你好，这里是××公司”的时候，一定要做到声音清晰悦耳、吐字清脆干净，给对方留下好印象，让对方自然而然地接受和认同你所在公司的优秀之处。

你的微笑，电话那头的他(她)一定能够感受到。

Easy-going

当办公室有来电时，应尽快接起，不让电话响超过三声。拿起电话后不要急着问对方是谁，而是要首先报出自己的公司或部门名称。记得在对方报出身份后，再确认一次，以表示重视与礼貌。听取电话内容时，应左手持听筒，右手随时记录，详细记录下对方交代的事项，并复述一次，确认无误。记得在通话过程中，要一直保持着亲切的微笑，这样对方会感受到你的友好。

◆保持良好的心情

打电话时，我们要保持良好的情绪和愉悦的心情，如此一来，即使对方看不见你，也可以从你欢快的语调中感受到你的快乐，从而给对方留下极佳的印象。心情会影响面部的表情，面部的表情会影响说话的声音，声音的质量会影响对方的情绪，因此，请保持喜悦的心情和喜庆的表情。

小故事

生意红火的奥妙

有一年，重庆一家刚起步的私营文具公司要求员工注意通过电话塑造公司的形象，就收到了很好的效果。一次，一位记者因拨错号码，将电话打到该公司，记者竟不知不觉地被接电话人的客气与热忱所感动和吸引，与对方交谈了十来分钟，最后挂上话筒时才深感“上当”，也记住了该公司。后来，这位记者无意中路过该公司，忍不住进去拜访了一下，发现其员工素质果然不俗。这使记者深受感动，回去后马上写了篇报道。报道发表后，这家私营文具公司的知名度和美誉度大大提高，生意越做越红火。

◆注意电话形象

一个人的电话形象不仅可以表现他的气质风度和自我修养，还可以为自己所代表的社会组织塑造良好的集体形象。那么，我们需要保持哪些良好的电话形象呢？比如：打电话时必须正襟危坐、聚精会神、面带微笑，不许吃东西，更不要吸烟、嗑瓜子；又如：听到电话铃响第一声，立即去接；再如：说话时的语言要委婉诚恳。

Easy-going

在接打电话的时候，对电话那头的人提出的问题应耐心倾听；当对方表示意见时，应让他适度地畅所欲言，自己不要插嘴，除非在不接话不行的关键时刻；电话沟通的过程中，可以通过提问来探究对方的问题和诉求；注重倾听与理解对方，甚至同情和帮助对方，从而建立起温馨诚挚的亲和力，让电话沟通有效进行。

◆认真明白地记录

在电话记录的过程中，要随时牢记 5W1H 技巧，所谓的 5W1H，就是 When、Who、Where、What、Why 与 How。Why 指的是事情的目的：为什么干这件事？ What 指的是事情的对象：怎么回事？ Where 指的是事情的地点：在什么地方执行？ When 指的是事情的时间：什么时间执行和完成？ Who 指的是事情的人员：由谁执行？ How 指的是事情的方法：采取哪些措施来执行？这些资料在工作中十分重要，对接打电话中的重要内容，需要你花时间去仔细记录与核对。

◆挂电话前的礼节

当你要结束一段电话交谈的时候，应当客气委婉地提出，比如说："您忙吧，我就不打扰了！"当对方提出来要结束谈话，你应该客气地道别，比如说："好吧，您去忙吧，祝您工作愉快，我们下次再细谈！"同时，我们必须准备明确的结束语，比如："谢谢，再见！"再轻轻挂上电话，记得一定要等对方讲完或挂断之后再挂电话。

投诉时刻，保持良性沟通

客户投诉是消费者对商家的产品质量问题、服务态度等向商家主管部门反映情况、检举问题，并要求得到相应补偿的一种手段。如今社会这种情况发生频率越来越高，这是一种进步的表现。也促使竞争更为激烈、产品质量更好、服务态度更好。

◆正确对待客户投诉

客户投诉是指某些客户针对某个企业及其服务人员的产品、服务及管理活动，向该企业或其上级主管部门进行的检举行为。通常有上门控诉和电话投诉两种方式。其目的是要求得到相应的物质赔偿和精神补偿。

礼貌接听投诉电话，并准备好记录纸笔

如果客户投诉能得到及时有效的处理，即可挽回客户的信任，促使产品和服务更好地改进与完善，从而提高客户的信任度与忠诚度，同时，还可以维护该企业的社会形象，从而受到更多客户的青睐。

◆电话投诉处理礼仪规范

因为电话投诉的投诉方式简单，所以很多客户倾向于采用电话投诉的方式。电话投诉的处理是一项非常具有挑战性的工作，因为一旦引起客户的不满，就会造成客户的流失，甚至引发诉讼和媒体曝光，从而大大影响该企业的公共关系和社会形象。在处理电话投诉时，我们一方面要遵守一般的电话服务礼仪，另一方面还要特别注意一些独特的和解礼仪。

电话投诉处理的六大礼仪规范
认真倾听、记录客户的投诉内容，并向客户复述一遍
对能答复的问题，应立即向客户解释说明；无法答复的，应立即转交上级
积极提出解决办法，尽量当场给予答复
对于当场不能答复的投诉，要在“处理单”上记录，并和客户约定回复时限
调查处理后将处理情况回复客户，并将“处理单”填写完整
超出处理权限的投诉，应及时将“处理单”报上级服务管理部门处理

◆客户投诉回复的礼仪规范

对客户投诉进行及时回复，既是服务礼仪对于相关工作人员的基本要求，也是这些人员的自身职责的根本要求。回复客户投诉可采取电话沟通、传真致歉、信函慰问、上门和解等多种方式。

客户投诉回复的六大礼仪规范
电话回复原则上应选择在工作时间进行，除紧急情况外不应在夜间回复客户
电话回复应使用对外公布的服务监督电话或办公电话，有条件的应保留电话录音
电话回复时应首先向客户讲明身份，遵守电话礼仪的服务规范
传真、信函回复时须经负责人确认，不能做超出处理权限之外的决定及承诺
上门回复应事先和客户约定时间、地点，并由两名工作人员持有效工作证件进行
客户对回复结果不满意，要耐心倾听，认真解释，诚恳道歉

小故事

投诉与回头客之间的秘密

据美国某年的全国消费者调查统计发现：投诉得到解决的会有 54% 的客户会回来，继续在该企业消费，有 46% 的人不会再回来；而投诉被迅速得到解决的，有 82% 的客户愿意继续在该企业消费，有 18% 的人不会再回来。这个调查统计分析说明，一方面，客户投诉的意义就在于有效地处理客户的投诉，把投诉带来的不良影响降到最低点，从而维护企业自身的形象；另一方面，及时、妥善地处理客户投诉，将大大提升客户对企业的满意度及忠诚度。

短信沟通中的礼仪

短信是随着手机的出现而诞生的产物，收发短信是日常生活、工作与交际中的一部分。短信虽然是小事，但要知道礼仪是体现在细节上，细节又反映一个人的修养。因此，了解一些日常的短信礼仪常识，对每个现代人来说都很重要。

◆注意时间和场合

有些人不管什么时间和场合，都喜欢随意发短信，这就跟不分时间和场合随意拨打别人电话一样，是一种不礼貌的行为。举个例子，如果你深更半夜接到一个骚扰电话，你会怎么想呢？再比如，如果你在面试期间看到面试官去接电话或发短信，让你等着，你会怎么想呢？你一定会不高兴，同样的事情发生在别人身上，别人也会不高兴。因此，不管时间和场合随意发短信是一种失礼行为。

◆发短信时要署名

发短信的时候署上自己的名字，一方面表示对收信人的尊重，另一方面也能让对方第一时间知道发短信的人是谁。例如，有个人经常收到一些匿名短信，而手机又没有对方的电话号码，他必须要思考好久才能弄明白对方是哪一位。他有一次很忙，就没有追究刚刚收到的新短信是谁发来的，后来才知道是一位远方亲戚来本市旅游，钱包丢了，求他去某个车站迎接，结果他以为是骗子，就把这事耽搁了，让那位亲戚露宿街头好几天。

◆注意短信的内容

短信的内容一定要文明，不要铺天盖地地发送广告或营销类的垃圾短信，这是一种十分失礼的行为，也不要编辑或转发某些内容不健康的低俗短信。如果低俗的内容或段子让泛泛之交者看到了，他们可能认为你很搞笑；但如果被客户看到了，对方可能会认为你的品味很低，甚至道德有问题，从而影响你的业务和业绩。此外，编写短信时千万不可偷懒，如果你要说明的事情比较复杂或丰富，就应该多打字或多发条信息，不可以因为一条短信的字数有所限制而将一件复杂的事情浓缩成一条特别简短的信息，这样容易引起歧义，让对方误解信息的内容，给彼此的交流造成不必要的麻烦。

垃圾短信令人心烦

Easy-going

短信有一个特殊的用途，那就是具有提醒功能。如果事先已经与某人约好了某件事，但是害怕对方忘记，可以编辑一条短信给对方，起到温馨提示的作用。提醒短信通常比提醒电话显得更有礼貌。因为打电话很正式，隐约有不信任对方之感，短信却显得非正式，给人一种随意、亲切的友好感觉。

◆回复短信要及时

很多时候，我们会遇到这样的事情：因为某件重要的事情而发个短信给对方，对方却几个小时甚至几天后才回复。假如你遇见这样的情况，心里一定会不舒服。因此，及时回复短信也是一种必要的礼节。如果你实在太忙，抽不出时间回复短信，请事先设置一下手机短信的自动回复功能，比如："您好，我正在开会，无法及时回答您的问题，请谅解，我忙完后会及时跟您取得联系，谢谢！"等你忙完后，一定要记得给对方回复短信，并说声抱歉，这样才符合短信礼仪。

E-mail 往来中的礼仪

如今，E-mail 在日常生活中被人们广泛应用，发 E-mail 已经成了时尚。E-mail 也就是电子邮件，标志是 @，很多人亲切地叫它“伊妹儿”。E-mail 是一种用电子手段提供信息交换的、超级便利的通信方式，就如平日的寄信，它也需要一些礼仪的约束，从而让我们的网络世界更加美好。

◆电子邮箱——E-mail 的家

常用的电子邮箱	
Yahoo 邮箱（雅虎）	QQ 邮箱（腾讯）
FOXMAIL 邮箱（腾讯）	163 邮箱（网易）
126 邮箱（网易）	188 邮箱（网易）
139 邮箱（移动）	189 邮箱（电信）
sina 邮箱（新浪）	

◆关于 E-mail 主题

E-mail 主题就是填写在邮件上方的标题，是接收者了解邮件的第一信息，因此要提纲挈领，使用有意义的主题行，这样可以让收件人迅速了解邮件内容并判断其重要性。

主题礼仪八要素
一定不要空白标题
标题要简短，不宜冗长
标题要能真反映文章的内容和重要性
切忌使用含义不清的标题，如“王先生收”
一封信尽可能只针对一个主题，不在一封信内谈及多件事情
可适当用使用大写字母或特殊字符（如“*”“!”等）来突出标题
特别是不要随便就用“紧急”之类的字眼
回复邮件时可以根据回复内容更改标题，不要出现一大串的 Re

◆关于 E-mail 称呼

称呼礼仪九要点
邮件的开头要称呼收件人
恰当地称呼收件者
称呼全名是不礼貌的
如果对方有职务，应按职务尊称对方，如“× 经理”
如果不清楚职务，则应按通常的“× 先生”“× 小姐”
在有多个收件人的情况下可以称呼“大家”或“All”
不熟悉的人不宜直接称呼英文名
对级别高于自己的人不宜称呼英文名
不要对谁都用个“Dear ×××”，显得很不矜持

◆关于 E-mail 问候

问候礼仪三句话
开头结尾最好要有问候语
用最简单的英文开头，写个“HI”，或者中文写个“你好”
常见的英文结尾是“Best Regards”，中文是“祝您顺利”之类

◆关于 E-mail 正文

正文礼仪四要素观
第一要素：正文要简明、通顺。 信息要交代完整。 正文多用 1234 之类的列表，这样比较清晰明确。 如果具体内容确实很多，正文应只作摘要介绍。 如果具体内容确实很多，需要单独写个文件作为附件。 多用简单词汇和短句，准确清晰的表达。 不要出现让人晦涩难懂的语句。 最好不要让人家拉滚动条才能看完你的邮件
第二要素：语气要礼貌、恰当。 根据收件人与自己的熟络程度、等级关系，选择恰当的语气。 尊重对方，“请”“谢谢”之类的语句要经常出现。 电子邮件可轻易地转给他人，因此对别人意见的评论必须谨慎而客观
第三要素：形式要正规、合理。 合理提示重要信息，不要动不动就用大写字母、粗体斜体、颜色字体、加大字号。 合理利用图片，表格等形式来辅助阐述。 不要动不动使用“:）”之类的笑脸字符，在商务信函里面这样显得比较轻佻

正文礼仪四要素观
第四要素：态度要端正、谨慎。 不要过两分钟就发一封“补充”或者“更正”之类的邮件。 尽可能避免拼写错误和错别字，可以使用拼写检查。 如果是英文 E-mail，最好把拼写检查功能打开。 如果是中文 E-mail，要注意拼音输入法带给你的同音别字。 在邮件发送之前仔细阅读一遍，检查行文是否通顺，拼写是否有错误

◆慎重使用群发邮件功能

群发礼仪
给重要人物的重要邮件一定要一对一单独发送
群发操作之前一定要慎重考虑所采用的操作方式是否妥当
慎重选择使用“并列收件人”“抄送”和“暗送（密送）”功能

◆注意保密礼仪

一般单位的文件秘密级别可以分为“绝密”“机密”“密”“普通”等，只有其中的“普通”文件可以通过电子邮件发送，凡带有“密”的文件严禁用电子邮件发送。发送时，要搞清群发的“并列收件人”“抄送”和“密送（有的邮箱称之为‘暗送’）”功能的区别。

保密礼仪
在地址输入框内，准确无误地键入对方的邮箱地址，避免误将邮件发送给他人
在主题输入框内，必须简明扼要地书写邮件主题，否则可能会被对方当成垃圾邮件
发给上司、同事、客户等的正式邮件，应使用传统的信函格式

小故事

抄送是一种礼仪误区

玛丽亚是一位网页设计师，她正同一位同事合作一个项目，但两人无法见面商议，只好通过邮件进行磋商。每发出一封 E-mail，她都会把邮件抄送给他们的直属主管。她是出于好意这么做，在同事和主管看来却是恶意的。她的抄送行为让她的主管和同事大怒，主管不仅不想看到两位下属往来的邮件内容，还认为她的抄送行为是一种利己和不成熟的表现。不久之后，玛丽亚离开了这家公司，她表示自己因此很尴尬，日后会变得更为明智。

More

设置自动回复有时不礼貌

有些人喜欢设置自动回复，如“感谢您的来信。我的电邮很多，但是我会认真阅读每一封邮件！如果方便，我会尽快回复。”可是，一直使用自动回复可能被视为无礼和傲慢的行为，即便你是出于好意。设置自动回复的人也许会认为，自己在很礼貌地提醒对方，可能回复会比较慢，但是它会给人一种居高临下的感觉。这是一种非常冷淡的交往方式，自动回复邮件应该只在自己外出度假或无法回复邮件的时候使用。

即时聊天工具的沟通礼仪

有关调查研究显示，除了电话、邮件以外，聊天软件也是职场中即时通信的一种简便方法，利用聊天工具可以使你最重要的工作任务得以完成。当然，聊天工具和其他的通信媒介一样，也要求职员遵循一定的沟通礼仪。只要养成了良好的即时通信习惯，你就可以在职场上巧妙使用那些神奇的聊天工具了。

◆职场常见的聊天工具

最常见的职场聊天工具		
腾讯 QQ	MSN	ICQ
AIM	新浪 UC	网易泡泡
阿里巴巴	移动飞信	

◆在职场中使用聊天工具

职场中的聊天工具四要素	
遵守职场规则	取工作用户名
区分职场朋友与好朋友	使用适合的工作图标

遵守职场规则

找出你们公司的规则，并遵守这些规则。如果公司规定不可以下载聊天软件的，就可以用网页上的便携式即时通信工具。

取工作用户名

取一个只用于工作的用户名。在和朋友及家人聊天时你可以将用户名更换过来，或者利用 IM 上的多功能设置，同时设置多个用户名。

区分职场朋友与好朋友

即使是使用即时通信工具，你和上司、同事或客户等，应该永远是从职业的角度去交流的，不可太随便。

使用适合的工作图标

不要将政治图片作为 IM 的图标，也不要使用亮黄色和稀奇古怪的字体。你可以将你的 IM 资料专业化，将公司的图标以及联系方式都补充上去。或许你也可以将你漂亮的杯子当作 IM 图标。

◆在商务上使用聊天工具

商务上的聊天工具四要素	
记得询问方便与否	注意对方状态设置
使用恰当的语言语句	避免过于冗长的对话

记得询问方便与否

记得每次都要问别人此刻是否方便使用即时通信工具。比如："玛格丽特，你现在有时间吗？我想请教一个关于上个月财务报告的事情。"你不仅仅是在询问别人是否方便，你也是在抛出话题。如果他们很忙，就问下他们什么时候有时间。

注意对方状态设置

在发送即时通信之前，要看看对方是否是"忙碌"状态，或者是其他的状态。即使你知道你的同事明明不是在开会，那现在也可能不会是最佳时机。反过来，也可以在需要的时候设置自己通信工具的状态。

使用恰当的语言语句

使用即时通信工具发送有关工作的信息时，不要使用俚语以及 IM 上的缩写，要用合适的英语。这样做不仅仅更专业，也可以减少不必要的解释。因为那些很少使用 IM 的用户会不明白。也要注意不要忘记了标点符号。

避免过于冗长的对话

它是即时通信工具，所以就要即时使用它。简单明了地问出你的问题，然后开始工作吧。如果你在 IM 上聊天时间过长，建议你直接去找对方面对面谈，这样才可以保证职场的工作效率。

小故事

女性拒绝对方要照片

男：您这么有文采，长得一定很漂亮！

女：谢谢您的夸奖。

男：能看看您的照片吗？

女：对不起！我手头暂时没有。

男：怎么可能呢？刚才您还说您使用的是个人电脑。

女：哦，刚刚重做了系统，原来存在电脑里的照片都丢了。

More

使用语音聊天

使用语音聊天，方便快捷，表达清楚，让人有亲切感。

在对方请求语音聊天时，如无特殊原因，应尽快接受；如因特殊情况不宜语音聊天，需要拒绝，应马上用文字告知对方、说明理由，并表示歉意。主动请求对方语音聊天，最好先进行文字沟通，待对方同意后再发出请求；无论对方以什么理由拒绝，都不要强求。语音聊天时要尽量说普通话，吐字要清晰，当对方听不清时，应该用文字加以辅助。语音聊天的语气、语速、音调、用词都能反映出一个人的修养，同时还要注意语言文明。

More

使用视频聊天

视频聊天要注意仪表，仪表端庄既是自重，也是尊重对方。聊天过程中不能有低级、下流、猥亵、故意暴露身体等手势、肢体语言等动作、行为。请求视频聊天之前要做好文字沟通。异性聊天，一般由女性先发出视频聊天请求。如果由男性先发出视频聊天请求，在沟通时语气要缓和，一定尊重对方的选择。拒绝视频聊天，可以采用以下方式。例如，可以回答“对不起，我这里没有视频设备”“不好意思，我的视频镜头坏了”“现在家里人多，不方便，请谅解”“今天太晚了，我要睡觉了，改日吧”等。

微博对话中的礼仪

微博，也叫微型博客、一句话博客，英文是 MicroBlog，是一种通过关注机制分享简短实时信息的广播式的社交网络平台。可以让博主表达出每时每刻的思想和最新动态，偏重于梳理自己在一段时间内的所见、所闻以及所感，比较注重时效性和随意性。

◆世界上有哪些著名微博

国内著名微博	
新浪微博	腾讯微博
网易微博	搜狐微博

国外著名微博	
Twitter	Jaiku
Juick	Sideblog
Plurk	Yammer

◆@ 之前先敲门——工作微博必知礼仪

俗话说，有人的地方就有江湖，有江湖的地方就有规矩。现实中的人们无时无刻都要遵守职场交往的基本礼仪与规范。而如今，当微博在我们面前铺开了一张庞大的虚拟社交网络的时候，我们应该注意这个网络江湖中的基本礼仪规矩和规范。

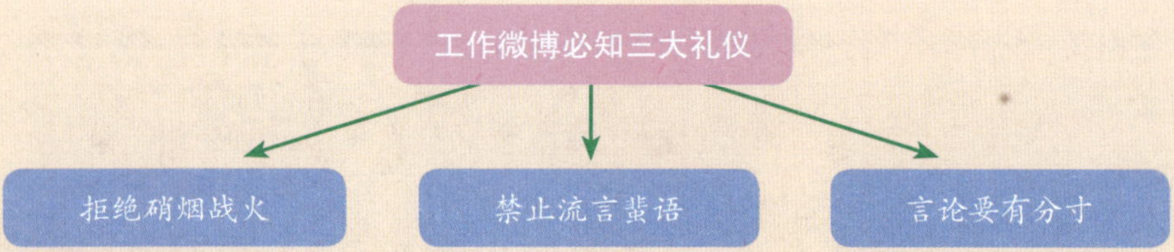

拒绝硝烟战火

如今，微博辩论的热点话题层出不穷，当辩论失去理性时，网络水军们便开始如病毒般侵蚀网民们的观点，最后甚至会演变成人身攻击，结果往往是两败俱伤。

禁止流言蜚语

有些人制造微博谣言以哗众取宠，这样的流言蜚语不可以转发，以讹传讹。转发其实是一种投票行为，也是一种传播行为。因此，我们要在信息冗杂的微博界面保持思维独立，辨别真伪善恶，不随波逐流。

言论要有分寸

在微博世界里发表言论需要有尺度、讲分寸，因为你的言论一旦有失偏颇，就可能会引来强势围观，遭到众多网友批评。“评论共转发一线，口水与子弹齐飞”的滋味会让人不知所措。

小故事

面对网友也需要礼仪

下班前的最后 20 分钟，美女谷美美在微博上激情地敲击着。看到网民发出了明显的假消息，她飞快地键入“瞎说什么呀”，然后点击“评论”，就这样加入了网络骂战中。接着，她看到一段抨击时弊的文字，觉得很过瘾，顺手点击“转发”，然后 @ 了很多名人，不打招呼不敲门，以此博得更多的点击量。谷美美一到网上便很野性，忘记了或者根本没意识到：面对看不见形象的网友，也需要礼仪。

More

微博不是虚拟空间

对话，是微博的基本形式。虽然大家在微博上彼此互动却不见其人，但微博绝非一个虚拟空间。微博上的一言一行，都能体现出每个 ID 用户的不同学识、气质形象与品行素养。而企业的官方微博更是一个直接的窗口，展现出其的品牌形象和品牌内涵。

◆正确使用工作微博的好处

Easy-going

微博让最遥远的距离变得可以忽略不计，最熟悉的人也有不为人所知的一面。如今的微博社会，同样需要礼尚往来、面面俱到，这一切发生在关注与被关注、评论与回复、转发与再转发之间。

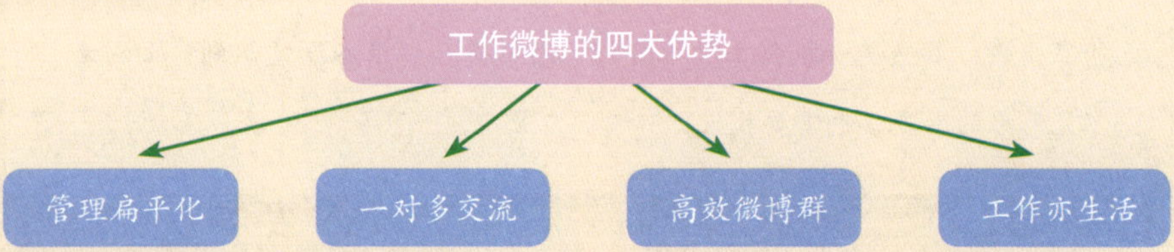

管理扁平化

工作微博可抛开沟通不畅、管理受阻的现象，根据部门需要、工作特点及业务要求灵活实现团队的组建。

一对多交流

改善以往传统的一对一交流形式，可在平台内实现包括上司与员工之内的多人实时对等交流与沟通。

高效微博群

微博可根据公司的发展阶段、单一工作任务的要求，组建临时团队或跨部门团队，任务结束可自动解散。

工作亦生活

工作微博账号也是个人微博平台，可以展现个性，自我实现，将生活的点滴与同事、朋友一起分享。

微信互动中的礼仪

如今，微信已经成为人们的一种生活方式，微信礼仪也应运而生。微信礼仪的养成，是一种文化认同，需要你我同行。智者在微信中讲究礼仪举止，不仅知道什么可说，而且话语说多少、声音说多高，拿捏的分寸恰到好处，让人敬重。

◆微信是什么

微信的英文是 We Chat，意思是“让我们聊一聊”。它是腾讯公司于 2011 年初推出的一款快速发送信息、支持多人语音对讲的手机聊天软件。用户可以通过手机或平板电脑，快速发送语音、视频、图片和文字。

Easy-going

微信提供公众平台、朋友圈、消息推送等功能，用户可以通过“摇一摇”“搜索号码”“附近的人”、扫二维码方式添加好友和关注公众平台。同时利用微信可以将内容分享给好友，也可以将用户看到的精彩内容分享到微信朋友圈。

◆微信的主要功能

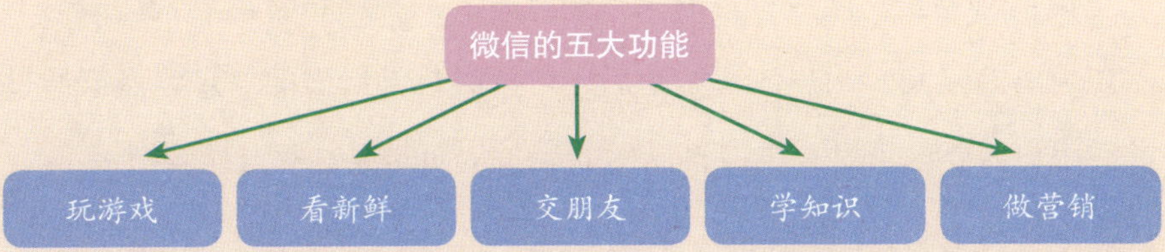

玩游戏

玩游戏是微信的第一大功能，微信游戏与其他手机游戏、电脑游戏最大的不同是能跟微信好友们比个高下，获得排名。

看新鲜

微信朋友圈的内容聚合就是一个新闻网站，人们看朋友圈就是去看新闻，看热闹，看看朋友们又秀了哪些生活。

交朋友

除了自己原来 QQ 里的好友和手机通讯录里的好友，微信又为你打开了一片新天地，去认识微信上的 6 亿用户。

学知识

当然也有人通过看微信朋友圈学习，因为朋友圈中每天都有很多值得学习和研究的内容。

做营销

微信营销是伴随着微信的火热而兴起的一种网络营销方式。微信不存在距离的限制，用户注册微信后，可订阅自己所需的信息，商家通过提供用户需要的信息，推广自己的产品，从而实现点对点的营销。

◆讨喜的微信礼仪

可以说，微信是个大 party，参加 party 需要一些基本的礼仪。我们想象一下豪华聚会里的每一个人：衣着光鲜、美丽漂亮、彬彬有礼、谈笑风生、翩翩起舞。在微信上，你想让人关注你，并不是件容易的事，一般来说，1% 的点赞关注率已经算是上乘了，最多也只能达到 10%。

讨喜的微信礼仪
经常翻看朋友圈，感兴趣的就点个赞，多赞是一种风度礼仪
及时回复，不要让信息回复隔夜，这是一种及时礼仪
力争内容原创，不要动不动就转发点别人的内容，这是尊重礼仪
不要频繁在朋友圈发东西，太过频繁就是贫嘴和烦人，这是自控礼仪
朋友圈内容要有明确规划，不要东一榔头西一棒子，这是内容礼仪

续表

讨喜的微信礼仪
互粉互赞互评，多鼓励和肯定别人，少说教和批评别人，这是心态礼仪
先点赞，后转发，最好标明出处，别让朋友不知所云
你可以发点自己的生活照片，转发一点好文章，写一些原创点评
千万不要大半夜玩微信乱发信息，你即便不睡觉，也别半夜出来打扰人

◆商务微信基本礼仪

昵称

建议使用真实姓名，最好带上你的公司名称或者产品名称。

头像

尽可能接近本人，这样别人见到你本人的时候，容易对上号。

签名

给一些有用信息，你想告诉别人什么，就在这里了，免得别人还得问你。

打招呼

少说“你好”“在不在啊”之类的客套话，请直接说明来意。

拉群

拉群之前请一定征求被拉对象的意见，以免把“不情投意合之人”拉到一起。

群昵称

建议针对群的主题修改一下自己的群昵称，降低一下沟通成本。

群名称

选择一个清晰明了的群名称，下次大家都能知道这是个什么群。

◆微信群的基本礼仪

微信群是腾讯公司推出的微信多人聊天交流服务，群主在创建群以后，可以邀请朋友或者有共同兴趣爱好的人到一个群里面聊天。在群内除了聊天，还可以共享图片、视频、网址等。

微信群“四不”礼仪
不要公群私聊
不要谈论敏感话题
不要发大图和长语音
不要“挂正牌子发歪广告”

不要公群私聊

公共群就像一个主题茶馆，发起人开设了一个群，给大家一个聊天喝茶的地方。但是既然是主题茶馆，就要切合主题，不要无限跑题，非常私密的话题不可以进包房谈。

不要谈论敏感话题

不要在群中谈论热门的报纸不会刊登的话题，也不要谈论敏感话题。实在憋不住，请自己另外拉个群去谈个尽兴。微信也不是想象中的私家花园，腾讯也一直在对用户发言进行监控。

不要发大图和长语音

即使您是有无线网络或者不在乎流量的土豪，也请照顾那些包月套餐内流量不多的朋友，这是美德，也是礼仪。

不要“挂正牌子发歪广告”

很多人转发的那些正能量的段子和貌似有用的知识普及文章视频，都是挂羊头卖狗肉的赤裸裸的广告帖，不要把歪门邪道的广告当成心灵鸡汤去祸害大众。

◆微信社交的通用礼仪

微信社交的八个小提示
请不要转发反动色情的帖子，法律无处不在
请不要发有关宗教和诅咒转发的帖子，微信不是你说教的课堂
请认真对待微友的每个帖子，多给别人一些赞美和鼓励
在微信上同样人人平等，不要趾高气扬

续表

微信社交的八个小提示
多点热心和理解，少点谩骂和攻击
微信不是炫耀的工具
不要让微信绑架了你的现实生活，每天抽点时间看看便可
拒绝微信谣言和诈骗，请辨明是非，转发前慎重考虑

本章教你：

◇ 办公室里，哪些话不能说、哪些事不要做

◇ 职场中可能遇到的民俗禁忌

◇ 公关礼仪需具备的禁忌常识

第7章

礼仪雷区，这些禁忌不能碰

职场禁忌就是职场人士在工作中的注意事项，是每个人在进入职场之初就要仔细研究、认真了解的礼仪禁忌。

比如：在职场上，不可随心所欲、口无遮拦，发自真心的善意的话，未必能产生正面的效果；再如：职场仪表，不可忽略公司的相关规定与规范准则，礼仪先行最明智，它是规避因随意和无知造成过失的必备手册。

你必须避开的办公室禁语

职场中会遇见形形色色的人，职场危机也是无时无刻不伴随着我们。进入职场中的新人必须要清楚，在办公室中有三件事是绝对不能谈的。

◆禁语一：曝光私生活

不管你目前处于什么样的生活状态，都不要把私人生活或个人情绪带到职场中来，要知道，把自己的故事带进办公室或在办公室打听别人的故事，都是十分不明智又非常无趣的事情。平常大家在办公室聊天，有时会口若悬河、口无遮拦，说起来只图痛快，事后往往懊悔不已，可惜说出口的话就如泼出去的水，再也收不回来了。

职场上风云变幻，你不害人，同时也不得不防人，不要轻易让公共区域的人涉足你的隐私区域，这是一种自我保护的职场礼仪。既然秘密是自己的，就不要向同事提起。既然往事如此不堪回首，就不需要再回顾，只要记住以后不要犯同样的错误。保住属于自己的隐私没有什么坏处，如果讲给了奸佞小人，被其利用，那就得不偿失了。

同样，己所不欲，勿施于人，请不要开口打听别人的私事，也别议论公司里其他人的是非短长。议论别人往往会引火烧身，那时你就在劫难逃了。

小故事

往事不要再提

某公司决定将刘原和张伟列为业务部副经理候选人，并告诉二位，二选一，考察期一个月。刘原和张伟私下关系特别好，两人常在一起喝酒聊家常。一个周末的晚上，刘原邀请张伟来自己的宿舍里喝酒。后来，刘原不胜酒量，一会儿就喝醉了，但是张伟还清醒着，他听到刘原讲述了一件从来没有公开的秘密往事："我高中毕业后没考上大学，心情特别差，成天到处乱晃。有一次，我和两个哥们儿喝了些酒，回家时看见路边停着一辆摩托车，一个哥们儿见四周无人，就撬开锁，开着摩托车，送我们回家。结果，我们都被抓了，还被判了刑。刑满后，我四处找工作，可惜有案底，没有公司肯收留我，我没有办法，经朋友才介绍我才来到外地打工。"没过两天，公司人事部突然宣布张伟为业务部副经理，刘原调出业务部另行安排工作岗位。原来，张伟向总经理讲了刘原曾被判刑坐牢的事。

◆禁语二：炫富或哭穷

在办公室谈自己的个人财产，无论是炫富还是哭穷，都显得做作，与其讨人嫌，不如知趣一点，不该说的话不说。

炫富和哭穷，其实都是精神贫穷。先看炫富：如今社会，生活压力巨大，账单、房租、贷款、缴税、信用卡，压得大家喘不过气来时，你却在办公室里高调秀富贵，让人情何以堪？再看哭穷：当你逢人必哭："穷死了"的时候，你就是自怨自艾或怨天尤人，而忽视了生活中最珍贵的——反省自己，追求幸福。

小故事

网络公敌雅阁女

2006年9月的一天，一个女白领上传了一段视频——《蛮横白领美女自述：我开本田砸你破车》，优雅地讲述她开本田雅阁砸别人QQ车的经历。她说道："你开QQ，不是你的错，错就错在你超了本田雅阁，本田雅阁也是你配超的？真是不知天高地厚。"从此，她就被冠名为"雅阁女"。后来，雅阁女再发视频——《工资3000元以下的都是低等人》，说道："我就是喜欢日本车，工资3000元以下的都是低等人，敢站出来我就不怕骂！收入决定身份，身份决定一切！"她不断炫耀自己的所谓的品质高贵白领生活，引起了网友们的公愤，成为"网络公敌"。

◆禁语三：彼此打听薪水

有一些公司发薪水的时候，财务老板有意单线联系，不公开工资数额，并叮嘱不让他人知道。因为即便是同一工种、同一职位的员工，他们之间的工资也有很大的差别，因此公司上层不喜欢职员之间互相打听彼此的薪水。这就是所谓的“密薪制”，即企业内部从经营者、管理者到劳动者的工资与奖金等薪酬都是保密的，工资单不公开，相互不得询问，它的核心思想是薪酬体系公开、个人工资保密。

Easy-going

当然，除非牵扯到商业机密，不然禁止员工谈论工资是完全没有理由的，那样就是侵犯了员工的言论自由。关于提高工资透明度，这就要看你所在公司了。不过，作为员工个人，就不要有事没事打听同事的工资，你比我多，我不开心，我比你多，你不开心，不说出来，你我都相安无事，多一事不如少一事。

小故事

成功实施密薪的小公司

有一家小公司，有一共不到80个员工，在市里有20多个销售人员，在郊区的工厂有50多个技术工人。不管是市里的20多人还是郊区的50多个人，工资只有两人知道，一个是老板，一个是负责管理公司财务的会计。每回发工资时只有两人在场，一个发工资的，一个领工资的。在入职的第一天，老板就跟每个人强调：“你觉得你做的工作值我给你发的这些工资，你就在我这里工作，你觉得你做的工作价值高于我给你发的这些工资，就不要在我这里工作！请不要打听别人的工资，如果觉得不自在，可以另寻高就！”这个公司的员工从未打听过别人的工资，干得很快乐。

不要在公司煲私人电话粥

在公司上班，你最好不要打私人电话，遇到急事一定要打的话，那么接打电话的时候一定要小心，因为私人电话打多了、打长了，或者打得不够讨巧，很容易遭到周围同事的反感，并且会给老板一种不敬业的感觉。如果工作出了小疏漏，可能第一个遭殃的就是你。

◆办公室电话必知的礼仪

办公室电话礼仪七个关键句
办公室电话不可长篇大论
公务电话尽可能控制在10分钟以内
打电话前先想好内容，做到简明扼要
接打私人电话最好不要超过3分钟
私密性的电话最好用手机接打
不方便在办公室接听就去楼道里
太繁忙时告诉对方晚些再给他打回去

◆办公室里的私人电话

打私人电话不尴尬的六要素
态度如工作常态
音量一定不要大
时间要尽量控制
手机请调成震动
最好离开办公区
改发短信会更好

态度如工作常态

在办公时间，在办公室接到家人或密友的电话，不管你们在讨论什么问题，都不可以表现出于往常不一样的激动、惊喜、愤怒等异常情绪，要像工作一样接打私人电话，平静地把该说的话说完，别给人一下子变了一个人的感觉。

音量一定不要大

当你在办公室接到私人电话的时候，别因为是家人或朋友就兴奋得忘乎所以，忘记了打电话的音量。声音如果太大，很容易引起他人的注意和不满，最后让自己陷入尴尬的境地。

时间要尽量控制

在办公室千万不能长时间地煲电话粥。私人电话如果没有特别重要或紧急的事情，尽量将对话控制在3分钟以内，这样不会影响自己的工作，也不会影响同事的情绪。

手机请调成震动

办公室需要聚精会神的工作氛围，请把手机调到震动状态，电话进来的时候如果只有你自己知道，就不会引起别人的注意和不满情绪。

最好离开办公区

如果你的私人电话涉及一些非常隐私的问题，为了保护自己或亲友的隐私，也为了不影响他人的工作，请就悄悄离开办公区，这是最好的办法。

改发短信会更好

在办公室里接到私人电话，如果不是特别重要的人给你打电话，先把电话挂掉，然后回短信给他，看看是什么事情，再决定是否需要通个电话。即便需要通电话，也最好选在下班时间。

Easy-going

在办公室里接打手机也能反映出一个职员的素质，打私人电话的时候能够做到回避他人是一种礼貌对待同事的表现。办公室为私事或聊天打电话，最好离开办公室接打手机，切不可在办公室里短话长说、声情并茂，再加上丰富的肢体语言，时而大笑不止，时而神秘兮兮，这样既不礼貌也会影响同事的工作情绪与效率。

研究一下民俗礼仪禁忌

在漫长的历史发展过程中，世界各个国家和各民族都形成了各自的风俗礼仪，并要求人们去遵守，而且还规定了各种各样的禁忌，它们是民族风俗习惯的重要组成部分，不容许触犯，即使是外来者也必须遵从。因此，职场人士在社会交往中应有一些“入乡随俗”与“入境问禁”的礼仪经验。

◆日常生活中的禁忌

世界各国的日常禁忌
印度人忌讳把孩子放在浴盆中洗澡
在印尼等地，夜间出门时忌吹口哨
英国人忌用人像作商品装潢或商品广告
捷克斯洛伐克人认为红三角形是毒的标记
罗马尼亚人忌讳过堂风
英美等国家的人忌讳在丧礼中大哭大闹
意大利人送礼忌送手帕
在许多国家，都忌用左手把东西递给别人
伊朗妇女除脸和手外，其余部分都不准裸露在外

◆数字禁忌

亚洲的许多国家和地区如日本、朝鲜、中国的香港、广州等地的居民都忌讳“4”，主要是发音的原因。4字在这些国家和地区的发音同“死”相近。日本人还忌讳“旷”，因其发音与“苦”相近。此外，香港人还忌讳13、38、49等数字；阿富汗忌讳13、39；巴基斯坦忌讳13、428等。

在欧美国家特别忌讳“13”。他们认为“13”这个数字不吉利。因此，房间号没有13号，用12A代替；楼层没有13层。尤其是星期五、13日更不吉利，出门办事须非常小心，更不能在这一天举办任何活动。

◆颜色禁忌

颜色也是一种情感表达方式，不同的颜色往往代表人们不同的情感，在不同国家有着较大的差异。即使在同一国家，同一种颜色在不同的时间与场合，也有较大的差别。比如：中国人喜欢喜庆的红色、高贵的黄色，在婚礼上多用这两种颜色，禁止穿白色、黑色衣服，但在丧葬吊唁的时候，则禁止穿戴红色装束，黑色、白色则用得比较多。

通常情况下，泰国人忌讳红色，日本人忌讳绿色，巴西人忌讳棕色，比利时人忌讳蓝色，德国人忌讳红色、茶色，巴西、埃及、埃塞俄比亚等国忌讳黄色，拉丁美洲一些国家忌讳紫色和黑色，摩洛哥等国忌讳白色，欧美一些国家则多忌讳黑色。

公关活动中的送礼禁忌

送礼在公关活动中起着不可估量的作用，如果礼品送得恰当，则它是人际关系的润滑剂，对工作、事业都有助益；相反，如果送不恰当的礼物，极可能会令对方感到不悦，甚至坏了交情、误了业务，得不偿失。

◆中国人的送礼禁忌

中国人送礼 10 条礼仪
送礼前先考虑对方的性别、嗜好、个性、年龄等
避免送出对一般人而言太过昂贵的礼物，如珠宝等
送礼前，应尊重一些特殊的风俗礼节或禁忌，以免得罪人
送礼不宜送钟，因“钟”与“终”同音
不宜送鞋，因为它含“走掉”的意味，相当不吉利
不宜送手帕，意味“分手”“分离”
不宜送扇子，因为“扇”与“散”同音，意味着分离
白菊花和白蜡烛通常是丧礼用品，触霉头
不宜以宗教物品为礼品，以免失礼
凡是大贺大喜之事，均要为“双”，忌讳“单”

◆外国人的送礼禁忌

礼品颜色之忌
日本人忌绿色，认为绿色象征不祥
土耳其人绝对禁用茄花色，认为茄花色是凶兆之色
印度人视白色为不受欢迎的颜色
巴西人认为紫色表示悲伤，黄色为凶丧之色
伊拉克人视蓝色为恶魔，在日常生活中从不使用蓝色
泰国人不用红笔签名，因为红笔用来将死者姓名写在棺材上
比利时人忌蓝色，以蓝色作为不吉利的标志
摩洛哥人忌讳白色，以白色为贫困的象征
埃塞俄比亚人视淡黄色为哀丧色，只有在悼念死者时才穿
乌拉圭人忌讳青色，认为青色意味着黑暗
埃及人忌黄色，视黄色为不幸之色
欧美人视黑色为哀丧之色，平日十分忌讳

◆不可送酒的国家

巴基斯坦是一个禁酒的国家

这个国家凡是带有酒精的饮料一律不得生产和销售，连工业用、医用酒精也受到严格控制，宴会上也不摆酒，常以凉开水代酒干杯。

瑞典是一个禁酒的国家

瑞典全国各地没有酒店，无论城乡，均设有戒酒医院。发现醉汉，可以随时拘留，并由警方医官进行检查；如发现酗酒，则送到国家开办的“范奴甘姆戒酒院”或基督教会开设的“库伦岛医院”进行长期的强迫治疗。

◆邮寄礼品的礼仪禁忌

也许你要给远方的同事或客户邮寄礼物，那么你就应该了解邮寄方的禁忌。世界各国邮局都拒绝邮寄和投递一些易燃、易爆、易腐、有毒等违禁品，这些自然是无可非议的，但其中有些禁忌则很特殊，需要你必须记住。

邮寄礼品之忌
沙特阿拉伯：禁邮一切塑像、玩具娃娃等偶像物
伊拉克：禁邮气球、望远镜、染发品
阿富汗：禁邮烟灰缸、通心粉丝
斯里兰卡：禁邮古玩、太阳镜、复写纸、粉笔、恭贺明信片
巴基斯坦：禁邮手帕
塞内加尔：禁邮香烟，含酒精饮料
贝宁：禁邮有助于私人酿酒的物品
保加利亚：禁邮香口胶、毛毡、床单
法国：禁邮避孕药物
西德：禁邮可可粉、家禽
阿根廷：禁邮旧衣服
厄瓜多尔：禁邮草帽
秘鲁：禁邮扑克
斐济：禁邮弹簧刀、旧衣服